35
40
45
¿Sin Empleo a los 50?
55
60
65

Marcelo Kisilevski

El Secreto del Segundo Pilar

*Cómo Trabajar, Realizarse y Prosperar
en la Era Post-Salarial*

Despidos
Retiros voluntarios
Reconversión Laboral
Renuncia por hartazgo

Título: El Secreto del Segunto Pilar

Sitio web: www.segundopilar.com

© 2012 por Marcelo Kisilevski

ISBN: 978-965-91858-0-1

Diseño gráfico y paginación: Stephanie Grest

*A la memoria de Saúl Kisilevski, mi padre, que
finalmente logró enseñarme el valor
material y espiritual del dinero.*

*A la memoria de Rosa Kisilevski, mi madre,
porque mi felicidad de hoy lleva su nombre.*

*A mi esposa Osnat que, por alguna extraña razón,
ha decidido soportarme e incluso amarme,
en las buenas y en las malas.*

*A mis hijos Shoam y Mai, los únicos por los cuales estoy
dispuesto a perpetrar ésta y otras locuras...*

Sobre el autor

Marcelo Kisilevski nació en 1965 en Buenos Aires, Argentina. Recibió su título de Licenciado en Ciencias de la Comunicación de la Universidad de Buenos Aires en 1991. Vive en Israel desde 1992, casado con Osnat y padre de Shoam y Mai, actualmente en la ciudad de Modiín. Como periodista colabora con el diario Clarín de Buenos Aires y con revistas y estaciones de radio independientes. Dicta cursos de Diplomacia Pública relativos a Israel y el Medio Oriente, tanto en Israel como en Iberoamérica. Es coach profesional y miembro de ICA, la Asociación Israelí de Coaching. Como coach y facilitador, se especializa en habilidades comunicacionales y de gestión, dictando talleres y seminarios en empresas privadas y ONGs. Es autónomo desde sus inicios, y ha hecho del desarrollo personal, la independencia laboral y la construcción incesante de proyectos un lema en su vida. A la luz de las circunstancias cambiantes en el mundo laboral, ha decidido difundir el mensaje a otros: la vida está en nuestras manos.

Website: www.mkcomunicacionintegral.weebly.com
E-mail: marcelokisi@gmail.com

Indice

Prefacio

¿Qué es lo que hace que un periodista y educador decida escribir un libro que habla de finanzas? Ése es el punto. El camino financiero en el que ustedes se encuentran, con o contra su voluntad, es el mismo que yo tuve que recorrer.

Como toda persona dedicada al área humanística, las finanzas me fueron siempre ajenas, cuando no hostiles. También mi estructura de creencias iba acorde con la época y mi perfil profesional: el dinero es maligno *per se*, quienes lo poseen son las elites corruptas, que convierten al "sistema" en "perverso". Lo curioso es que yo debía trabajar duro para mantenerme, vivía en déficit y, por lo tanto, quería obtener más dinero. El dinero me permitiría no trabajar tanto, o trabajar en lo que eligiera, y no por obligación. Podría darme gustos que en ese momento no podía. Podría comprar mi casa y mi coche, darles gustos a mi familia, etc.

¿Cómo conciliar mi deseo de más dinero con mi creencia de que quien lo posee es corrupto y perverso? Técnicamente, ¿cómo se sale del déficit? ¿Cómo se aumentan los ingresos, con una profesión que paga por artículo escrito u hora cátedra impartida?

Como muchos "intelectuales", mi carrera laboral fue una combinación de producciones y trabajo por un lado, con intentos de negocios afines por el otro. Más de una vez me postulé para cargos en organizaciones públicas, sin éxito. Hoy lo agradezco pues, mientras tanto, ampliaba mis habilidades, mis conocimientos y mi clientela. Sin darme cuenta, me había convertido en un buen vendedor y un buen negociador, había aprendido a trabajar en equipo, a hacer networking, a construir mi marca y a trabajar con mentalidad de servicio al cliente. Mi formación como comunicador y como educador no formal, junto con mis lecturas y capacitaciones, combinaban aquello acerca de lo que debía escribir como periodista o enseñar, con temas ligados a gestión empresarial focalizada a los recurdos humanos, área de la cual me convertí también en facilitador en empresas y organizaciones.

Luego de contraer deudas debido a fallidos intentos empresariales, fui adquiriendo también conciencia financiera, con herramientas que nadie jamás me inculcó en la escuela. De repente, cual gusano que sale de su capullo convertido en colorida mariposa (con disculpas por este fugaz momento de *kitch*), me había transformado en un próspero empresario de una sola persona. Y la empresa seguía y sigue creciendo hasta el día de hoy.

Ya recuperado de mis "pecados (financieros) de juventud" y habiendo entrado en la curva que aquí llamaremos la *Riqueza como Proceso*, llegué a la conclusión de que tenía lo que enseñar a otros: un trabajador autónomo que toda su vida debió desarrollar no sólo sus capacidades en comunicación y en educación, sino herramientas para impulsar dichas capacidades en lo económico.

Hace ya muchos años, cuando comenzaba mi formación como coach, se me ocurrió la idea de que el área laboral en nuestras vidas puede verse como dos grandes Pilares. Al talento que uno tiene y para el que hemos estudiado y en lo que trabajamos, lo defino como el Primer Pilar. Esa es su área de *expertise*, y no tengo nada que enseñarle al respecto. Al andamiaje de dirección empresarial y marketing de dichos talentos lo defino como el Segundo Pilar. He podido comprobar hasta qué punto este segundo edificio está tan poco desarrollado y, al mismo tiempo, cuánto miedo provoca al hombre y a la mujer de la calle. Si con este libro puedo mitigarlo aunque sea en parte, y disparar procesos de cambio en algunos de mis lectores, habré cumplido mi misión como comunicador y como educador a la vez.

El mundo ha cambiado, millones de personas que confiaron en su empleo fijo han quedado en la calle. De repente, por no haber tenido jamás empleo fijo, lo que yo tuve que aprender a los golpes se convierte en valiosa información. Una información que puede salvar carreras y redelinear el futuro de familias enteras.

El libro que está usted por empezar a leer, por lo tanto, fue escrito a fuerza de muchos errores, aprendizajes, dinero perdido y vuelto a ganar. En ese sentido, el libro le ahorrará mucho tiempo y dinero. Pero al mismo tiempo, está escrito siguiendo los "vicios" de mi profesión como educador: como un curso con un racional coherente, como un proceso educativo que intenta cuidar a la persona que tiene enfrente, respetando sus tiempos y su propio camino. Hablando su lenguaje. Desde ese punto de vista, a pesar de muchos libros sobre motivación para el cambio, y otros que dan elementos de marketing, no se ha escrito nunca un libro que le hable a la persona real, que al año de quedar despedido, agotado ya el seguro de desempleo y todos sus ahorros por no conseguir otro trabajo basado en el salario mensual, se mira al espejo y se pregunta: y ahora, ¿qué demonios hago?, y ahora ¿qué demonios soy?

Lo invito a acompañarme y a dejarse acompañar. Estaré gustoso de recibir comentarios y preguntas, que es mi única manera de saber si he acertado el tiro.

Última aclaración: el libro está escrito en voz masculina, pero sólo por motivos de fluidez en la lectura. Creo que el público femenino se beneficiará con estas páginas tanto o más que el de los varones, porque ellas han sido siempre las grandes marginadas en el mundo laboral, y su lucha está lejos de haber concluido.

Introducción

El mundo del trabajo está cambiando a toda velocidad. El empleo, ese instrumento que desde la Revolución Industrial dio solución a millones, está agonizando. La economía de grandes corporaciones y organizaciones está cediendo ante la presión de, por un lado, las crisis económicas y, por otro, los avances tecnológicos. El resultado es la posibilidad –y la necesidad– de todas ellas de prescindir, de modo creciente, de su plantel de empleados fijos.

Olas de despidos, reducción de salarios y aumento del trabajo para los "sobrevivientes" son el signo de los tiempos. Millones de personas con decenas de años de experiencia se ven de pronto en la calle, y la relocación laboral se hace cada vez más difícil, entre otras cosas debido a su edad. A partir de los 45 años, los desempleados dejan de ser atractivos, no importa cuánta experiencia y conocimiento tengan.

Valga aquí la paráfrasis: "El empleo ha muerto, viva el trabajo". Hoy las corporaciones están más dispuestas a comprar trabajo que a contratar empleados. Más que una crisis pasajera, es un verdadero cambio de era. Es una situación que atemoriza, y con razón. Pero es también una oportunidad.

El problema es que nuestra educación financiera y laboral no ha cambiado. Venimos de hogares y escuelas en los que hablar de dinero era tabú, y donde la educación estaba dirigida (y en gran medida todavía lo está) a formarse para "conseguir buenos empleos". Ser expertos en un área del conocimiento, obtener un título universitario y aprender a escribir nuestro currículum. Ir a entrevistas, tener paciencia y esperar que el teléfono suene.

Tal sistema no solamente ha dejado de funcionar, sino que se ha vuelto peligroso para el individuo, no importa su clase social. Se trata de especialización sin versatilidad, sin creatividad. Se trata de enseñar al individuo a poner todas las fichas a un solo número: el empleo tradicional.

El seguro de desempleo ha dado ciertamente un colchón de seguridad a las capas vulnerables, al cuidar que no mueran literalmente de hambre. En la España de "los indignados", en momentos de escribir estas líneas, se da un paro o desocupación de un 20%, y en Estados

Unidos no baja del 9%. Sin entrar en política macroeconómica, lo cierto es que el empleo como instrumento agoniza, y el "sistema" no puede dar respuesta a los indignados aunque quiera, porque ha colapsado.

Otro ejemplo es el de la jubilación. Se trata de un instrumento creado luego de la Revolución Industrial para dar respuesta a hombres que debían jubilarse a los 65 años y a mujeres que debían hacerlo a los 60, para una sociedad cuya expectativa de vida no pasaba de los 70. Hoy es de 79 en las sociedades más desarrolladas, y cada vez más gente pasa los 90. ¿Qué estado puede mantener a un número creciente de millones y millones de personas que vivirán alrededor de veinte años luego de jubilados? ¿Qué pasará dentro de diez o veinte años más, cuando los jubilados seamos nosotros?

No es de extrañar que cada vez sea mayor el monto que pagamos a la caja estatal de jubilaciones y pensiones, y que cada vez sea menor la porción que cada jubilado recibe del gobierno. Las soluciones a nivel de estado, si es que las hay, deberán ser diseñadas por los macro-economistas. De lo que estoy seguro es de que usted y yo, los individuos concretos en la sociedad, deberemos diversificar nuestras fuentes de ingresos e incrementar nuestras entradas pasivas si queremos mantener un mínimo nivel de vida cuando ya no podamos trabajar. Para eso deberemos aprender nuevas habilidades.

Cuando los desempleados de 45 años en adelante advierten el peligro en que se encuentran ya es demasiado tarde, pues carecen de las herramientas para nadar en la corriente a la que han sido lanzados contra su voluntad, y contra principios y mitos bien enraizados, relativos al dinero y a la vida financiera.

El presente libro tiene por objeto enseñar a nadar en un mar que ha cambiado. Encontrará aquí, espero, la información y la motivación para el cambio que está necesitando. Pero también, herramientas concretas que incluyen principios de educación financiera hacia la creación de ingresos de diversa fuente, incluyendo ingresos pasivos; elementos de *coaching* hacia la construcción de la propia visión y de una vía concreta de acción; elementos de gestión empresarial, indispensables a la hora de pasar de un paradigma de "asalariado" a otro de "autónomo", cuando no de empresario o inversor.

A este conjunto de herramientas, y al aparato que armamos con ellas para vender nuestros servicios y productos, lo llamaremos "El Segundo Pilar". El Segundo Pilar es el que en general nos falta, y aquel al que tenemos un miedo rayano en el pánico, bajo el lema: "Yo no sirvo para vender". Las buenas noticias son que armar el negocio, hacer marketing, comunicarnos y sí, también vender, no son parte del ADN de unos pocos privilegiados. Nadie nació sabiendo; todos podemos aprender. Si el miedo surge del desconocimiento, la solución es obvia: aprender y practicar. En este libro comenzaremos a develar el supuestamente "misterioso y temible" Secreto de este Segundo Pilar.

¿A quién va dirigido este libro?

Empecemos por el principio. Si me hubieran enseñado en mi más tierna juventud lo que estoy a punto de enseñarle en estas páginas, habría llegado mucho antes adonde me encuentro hoy, habría ahorrado mucho tiempo, mucho dinero y muchas peleas con mi banco. Las lecciones que he aprendido son hoy un tesoro invaluable, pero me han costado un dinero y un tiempo irrecuperables. Es lo que pretendo ahorrarle a usted.

Por eso, el primer público que se beneficiará con estas enseñanzas está formado por los jóvenes que recién empiezan. Por un lado los universitarios que están a punto de finalizar sus estudios, y que ya están buscando ese empleo en el que esperan emprender un ascenso lento pero seguro, con vacaciones pagas y aportes jubilatorios. Aun cuando logren emplearse en prestigiosas compañías de alta tecnología, éstas los escupirán de regreso al mercado a razón de una vez cada cuatro años promedio. O bien la empresa quebrará, o se reestructurará, o acabará el proyecto específico en el que trabajan.

Mi recomendación para todos ellos, tanto los ya empleados como los que hacen precalentamiento en la línea de largada, es la misma: piénsense como autoempleados, colóquense en el nuevo paradigma y vean a la empresa para la que trabajan como su cliente y no como su empleador. Ello les permitirá un nuevo "estado de la mente": estarán alertas a los cambios y tendencias; adquirirán permanentemente nuevas habilidades que les agregarán valor de modo constante en el mercado, lo que aumentará su demanda y también su precio; tomarán iniciativas dentro de la empresa, lo que les permitirá, ya no "conservar su empleo", sino "retener al cliente"; verán venir sin angustia el despido o el retiro voluntario: será un cliente que, satisfecho o no, ha dejado de "comprar" en nuestro "negocio" porque sencillamente ya no requiere de nuestro producto. Por lo tanto, podrán prepararse con tiempo para servir a otros clientes que esperan en fila. Cultivarán una gigantesca red de contactos que les aportará esa clientela permanente para cuando venga el cambio; habrán desarrollado un amplio catálogo de productos y servicios para vender a múltiples empresas-clientes una vez que ya no puedan acceder al nuevo "empleo fijo" o cuando decidan que ya no es necesario rogar por uno.

Existen dos categorías más dentro de la de gente joven. Una son los recién casados. Existen hoy en día cursos de pre-parto, pero no queda claro por qué no existen cursos de preparación financiera para el nuevo hogar, visto como unidad económica con todas las letras. Los matrimonios jóvenes tienen ventajas que son armas de doble filo: un futuro por delante que se percibe como ilimitado; energía para comenzar lo que quieran; mucho atrevimiento, que es vivido como falta de necesidad de aprender o recibir consejos; y, por último, muchas veces, ayuda financiera de los padres. Aunque no lo parezca, esta ayuda también es peligrosa, porque es benéfica mientras existe, pero desastrosa en el plano educativo, pues completa un ingreso que los jóvenes no estarán preparados para generar por sí mismos cuando se acabe.

Los principales errores financieros que cometen las parejas jóvenes suelen ser: casarse antes de terminar estudios universitarios, o directamente no comenzarlos; no vivir en base a un presupuesto; para peor, vivir en déficit acumulativo; tener hijos demasiado pronto, lo cual les reduce el tiempo (por ejemplo, para terminar sus carreras) y les aumenta los gastos antes de que puedan afrontarlos; comprar la vivienda propia al principio del camino, tengan o no padres sostenedores (pues ellos suelen aportar sólo el capital inicial); despilfarro de dinero propio y ajeno en la cultura del tiempo libre, "antes que se nos termine la juventud". Todo esto les reporta una "buena vida" en sus años 20 y 30, y les permite ser padres jóvenes, ir a fiestas y viajar por el mundo... pero les hipoteca la vida.

La segunda categoría de jóvenes, que me merece un párrafo especial, es la llamada juventud en riesgo. Estos jóvenes han pasado infancias duras, que los llevan a ver en la sociedad una encrucijada hacia dos vías: la resignación a la pobreza por falta de oportunidades, o el intento de "dar el gran golpe": en el mejor de los casos, golpe de suerte a través de la lotería o el juego o, en el peor, el golpe delictivo. Este libro es una invitación a abrir las puertas del enriquecimiento, lo cual les permitirá seguir persiguiendo su sueño, pero esta vez con herramientas concretas –también legales e inofensivas- para conseguirlo. No rápidamente, pero sí como posibilidad real para sus vidas, al enseñarles que la "riqueza" no es un estado sino un proceso: el del trabajo, el ahorro y la inversión, no importa el punto de partida. Un proceso que puede comenzar ya mismo si se adquieren nuevas habilidades y herramientas, y se siguen ordenadamente ciertas reglas del juego, dejando de culpar al mundo y asumiendo la responsabilidad por la propia existencia.

El siguiente público, cada vez más amplio, y que de hecho ha inspirado este libro, es el de las personas que, a partir de los 45 años de edad, y por razones diversas, se ven fuera del mercado laboral, con por lo menos veinte años por delante de "vida útil". A decir verdad, ellos tienen habilidades, conocimientos y experiencia que les permitirían trabajar toda su vida, no sólo hasta la jubilación. Sólo les faltan herramientas cognitivas que les permitan verse como "productos" atractivos para el mercado, en lugar de "desempleados", personas que han sido lanzadas antes de tiempo al bote de basura de la sociedad.

A partir de cierta edad, los retiros voluntarios o los despidos masivos los dejan afuera sin que atinen más que a aprender cómo escribir mejor sus currículum, "brevemente y enfatizando sus logros", como repiten los consejeros actuales. Verlos retorcerse bajo las garras de un mundo que se les ha vuelto hostil encoge el corazón. Pero existe una salida, a condición de que logren superar su estado de víctima y su actitud de queja. Pues el mundo no los odia; sencillamente ha cambiado.

Si quieren que algo cambie para ellos, ellos son los que deben cambiar. A sus conocimientos en la materia de la que son expertos, al Primer Pilar, tendrán que agregar herramientas relativas, por un lado, a la difícil posición mental de enfrentamiento con el cambio. Por otro lado, deberán construir su Segundo Pilar: creación de marca, promoción, relaciones públicas, desarrollo de producto, ventas, negociación, comunicación interpersonal, concepción de servicio, retención de clientes, trabajo en red (*networking*). También finanzas, aunque más no sea en su nivel más básico: desde el arte de ponerle un precio a sus servicios hasta la política de gastos, pasando por "meros detalles", como el ser consistentes para las cobranzas.

El Segundo Pilar parece asemejarse a un Monte Everest para la persona que ha sido acostumbrada a trabajar en su cubículo de ocho de la mañana a cuatro de la tarde durante veinte o treinta años, y de verdad puede asustar. Pero en este libro veremos los principios básicos de estas herramientas, y entenderemos que, al fin y al cabo, se trata de habilidades que están, en mayor o menor medida, latentes en todos nosotros.

No estoy hablando, en efecto, de un doctorado en Administración de Empresas, sino de un nuevo comportamiento en nuestra vida cotidiana. El ejemplo es el de Don Victorio, un electricista que trabajó toda su vida como tal en un gran complejo fabril. De repente lo despiden a los 55 años y, luego de insultar a todos los santos por la injusticia sufrida, decide dedicarse a atender al público. Su primer cliente es un delicado intelectual, que lo llama porque su televisor se niega a funcionar. Don Victorio llega y, rápidamente, advierte que el enchufe se ha quemado por algún corto circuito.

El cliente no sabe hacer ese diagnóstico ni cambiar enchufes. Pero a Don Victorio le resulta tan fácil, y el profesor lo mira con esa cara de sufrimiento que tienen los ignorantes indefensos, que decide, por esta vez, no cobrarle. "Deje, es una tontería", le dice. Sin embargo, ese conocimiento tan simple forma parte de un bagaje de treinta años de experiencia y esfuerzo. A Don Victorio no se le habría ocurrido no cobrar su sueldo en la fábrica si en todo ese mes no hubiera hecho más que cambiar enchufes. Pero cobrarle debidamente esas pocas monedas al sufrido señor es una habilidad básica que Don Victorio no tiene, y que deberá aprender.

Desde ya, existe una sub categoría dentro de mi generación, la de 40 en adelante: aquellos que, cada vez en mayor cantidad, se debaten en la duda acerca de si emprender un cambio de carrera que implique un salto cualitativo, de su vida como asalariados a la carrera independiente, esta vez por decisión propia, las más de las veces por un estado de insatisfacción existencial. Ellos van a su trabajo todos los días con la amargura en el rostro y en el corazón, soportan un trabajo que no los estimula, un jefe insoportable, un ambiente cargado, y la sensación de estar enterrados en vida. La indecisión los carcome y el miedo los paraliza. Están hartos, quieren renunciar, pero el futuro es incierto. En este libro encontrarán claves para enfrentar su situación y tomar una decisión conciente y madura –ya sea por el sí o por el no a la renuncia por hartazgo- y herramientas concretas que deberán llevarse consigo en caso de que decidan dar el salto.

En definitiva, este libro es para todos. Por lo menos, para todos aquellos que entienden que el mundo laboral y financiero es de cuidado, y que sienten que no han sido capacitados de modo debido para enfrentarlo y, a la vez, disfrutar de él.

El espíritu de estas páginas es positivo: podemos cambiar el color de la lente con la que vemos el mundo. Podemos capacitarnos, adquirir herramientas nuevas, y generar nuevos proyectos que reporten ingresos para nuestra vida y la de nuestras familias. Podemos, en definitiva, tomar la vida en nuestras manos.

Sin más, como en un primer día de clase, abramos nuestros cuadernos, saquémosle punta al lápiz, y comencemos a estudiar.

CAPÍTULO I

"El empleo ha muerto, viva el trabajo"

1 | El portero del prostíbulo

Como en cualquier otro lado, en aquel pueblo ser portero de un prostíbulo era una profesión despreciable y mal paga. Así lo cuenta Jorge Bucay en su libro *Recuentos para Demián, Los cuentos que contaba mi analista*[1]. Aquel prostíbulo era ya tradicional, y se pasaba de padres a hijos. El puesto de portero también, de modo que el actual, un hombre analfabeto, era hijo del anterior, y nieto del que antecedió a su padre. Un día, el propietario falleció, y su hijo quiso implementar reformas, al ritmo de los tiempos modernos. Al portero le indicó que, además de estar en la puerta, anotara la cantidad de clientes, día por día. Una vez por semana debería entregar al dueño un detallado informe.

El buen hombre se excusó: él era analfabeto. El dueño, lamentándolo mucho, lo despidió: el progreso no podía ser detenido por nada ni, mucho menos, por nadie. El ahora ex portero sintió que se le venía el mundo abajo. Camino de su casa, desempleado por primera vez en su vida, pensó en qué hacer mientras se adaptaba a la idea de no tener razón para levantarse al día siguiente. Recordó su habilidad para arreglar muebles en el prostíbulo, y su sueño de fabricarlos cuando tuviera tiempo. Pensó que ello podría ser una ocupación transitoria hasta que hallara nuevo empleo. Buscó en su casa herramientas, pero no las había en cantidad y calidad suficientes, así que debió viajar a lomo de burro dos días de ida y dos días de vuelta al pueblo más cercano, donde

---

[1] "El portero del prostíbulo", *Recuentos para Demián, Los cuentos que contaba mi analista, Jorge Bucay*, Editorial del Nuevo Extremo, 7° edición febrero 1997; p37.

pudo hacerse con una flamante caja de herramientas. No se preocupó demasiado por los días invertidos: ahora tenía tiempo.

Cuando llegó, un vecino lo abordó pidiéndole un martillo prestado. "No habría problema", le respondió. "Es sólo que lo necesito para trabajar, ahora que me he quedado sin empleo". El vecino le ofreció pagarle, no sólo por el martillo, sino también por el tiempo que había perdido viajando al pueblo vecino.

Aceptó, porque, en última instancia, ello le daba trabajo por cuatro días. Al volver, otro vecino lo esperaba para comprarle herramientas, pues había escuchado del vecino anterior la buena nueva de que él estaba viajando para traerlas. Él también estuvo dispuesto a pagarle por sus días de viaje.

Entonces pensó que la gente no contaba con el tiempo para viajar y que, por lo tanto, él podría estar dándoles un servicio muy útil. En su siguiente viaje decidió cargar varias cajas de herramientas. A pesar de estar arriesgándose un poco con la inversión, pensó que podría ahorrarse varios viajes.

La voz comenzó a esparcirse, se formó una clientela, y ahora nuestro ex portero de prostíbulo viajaba una vez por semana, convertido en corredor de herramientas. Con el tiempo comprendió tres cosas: primero, que podía conseguir un depósito donde acumular las herramientas que traía, lo que pronto se convirtió en la primera ferretería del pueblo; segundo, que no necesitaba viajar él, sino que podía trabajar a base de pedidos, enviados por sus proveedores; tercero, que comprando máquinas y contratando gente, buena parte de las herramientas las podía fabricar él mismo, ahorrándose el costo de fabricación.

Diez años después, sigue el relato de Bucay, el buen hombre se había convertido en un millonario ferretero y fabricante de herramientas. A él fluían ahora viajantes de otros pueblos vecinos, para los que aquel primer pueblo quedaba aún más lejos.

Tan próspero fue, que decidió devolver a su comunidad, donando una escuela. Allí se enseñaría a leer y escribir, lo que nadie le había enseñado a él, y además, oficios. El día de la inauguración, el pueblo organizó una gran fiesta en su honor. "Le pedimos que nos conceda el honor de estampar su firma en la primera hoja del libro de actas de la escuela", le rogó el alcalde a la hora de los discursos.

"El honor sería para mí –dijo el hombre-, pero ocurre que yo no sé leer ni escribir, pues soy analfabeto".

El alcalde quedó atónito. "¿Usted no sabe leer ni escribir? ¿Sin saber leer ni escribir construyó un imperio industrial? ¿Qué hubiera hecho si hubiera sabido leer y escribir?", preguntó.

"Yo se lo puedo contestar," respondió el hombre con calma. "Si yo hubiera sabido leer y escribir... ¡sería el portero del prostíbulo!"

Hasta aquí el cuento de Jorge Bucay. De la vida de ficción a la realidad, digamos que el mismo autor sufrió –o disfrutó– de su propia transformación laboral: de ser un psicoanalista que utilizaba los cuentos como herramienta terapéutica, pasó a escritor, y de allí a conferencista internacional de renombre. Terminó abandonando totalmente la práctica psicoanalítica, según explicó en una entrevista, porque sus viajes no le dejaban tiempo para dar continuidad a sus terapias.

El relato nos es útil, porque reúne en sí mismo muchos de los elementos que queremos abordar en este libro. Por un lado, una economía en transición, en la que los avances tecnológicos y la competencia van eliminando puestos de trabajo y creando nuevos. Por otro, el proceso de cambio, muchas veces solitario, que debe atravesar cada individuo.

2 | Economía de transición: nuevas tendencias en el mundo laboral

El empleo es un invento moderno. O sea, no siempre fue la forma natural de trabajar. Por supuesto siempre existieron personas que ganaban una suma fija por mes, como las burocracias de los reinos antiguos, y los soldados en sus ejércitos. Pero la economía como un todo se sustentaba en la pequeña producción agrícola o artesanal familiar, muchas veces pagando caros impuestos a la nobleza o al reino. La familia se auto-abastecía, produciendo a mano productos de todo tipo, que se vendían o intercambiaban en el mercado del pueblo en tiempos estipulados, por aquellos productos que la familia no poseía. No era un idilio. El señor feudal imponía a punta de espada duros impuestos que conferían al sistema una vivencia de sojuzgamiento que variaba según la época. Pero duros impuestos y otras limitaciones existen también hoy, aunque los castigos por no pagarlos hayan cambiado. Fuera de eso, la familia era la responsable de su trabajo y su supervivencia.

Otros se dedicaban a prestar servicios como herreros, zapateros, constructores, lecheros o carpinteros, organizados en rígidas organizaciones llamadas gremios. No todo era fácil, y para poder ejercer alguno de estos codiciados oficios, debían pasarse largos años como aprendices. Más tarde, había que pasar duras pruebas para pertenecer al gremio respectivo. Pero el trabajo "para otros" no era la norma.

La Revolución Industrial desbarató la forma tradicional de ganarse la vida. Masificó y abarató la producción, creando más alimentos y más artículos manufacturados a menores precios, lo que provocó una explosión demográfica que, a su vez, creó más consumidores y más trabajadores. Los artesanos y los granjeros, incapaces de competir con las nacientes industrias y latifundios, se vieron obligados a vender sus tierras a grandes latifundistas y a cerrar sus talleres. Ellos o sus hijos debieron conchabarse en las fábricas, lo cual desató un rápido proceso de urbanización.

Nacía el trabajo asalariado como modo imperante de ganarse la vida. Nacía también la sociedad de masas.

Es decir, el individuo, primero en Inglaterra y luego en toda Europa, debió enfrentarse con el cambio. Es más: se trató de un cambio violento. No había leyes sociales, no había limitación de edad ni de horas de trabajo, no había vacaciones pagas, francos, licencia por enfermedad, prohibición del trabajo infantil. Ni siquiera existía la estabilidad laboral. Las leyes sociales vinieron luego cuando, ya en el siglo 19, las masas comenzaron a organizarse para que la patronal asumiera la responsabilidad por el bienestar de sus trabajadores. La guerra fue violenta, y el precio incluyó no pocas vidas humanas.

El Estado de Bienestar también es un invento moderno. Conlleva la decisión política del Estado, artificialmente tomada, de que ningún ciudadano se muera de hambre. Hasta la crisis de Wall Street en 1929, los estados se pusieron del lado de la patronal a la hora de reprimir a los revoltosos sindicatos que pedían a los gritos leyes tan "ridículas" como un día de descanso semanal y la jornada laboral de ocho horas. La idea que primaba era la de la "mano invisible" del teórico del liberalismo, Adam Smith: el mercado se guía por tendencias de oferta y demanda, que autorregula todas las relaciones económicas en la sociedad, incluyendo la creación de puestos de trabajo, como si una mano invisible gobernara el sistema de modo benévolo para todos. Por lo tanto, cuanto más gane el empresario, más trabajo podrá dar, y los trabajadores más podrán consumir, en una rueda de prosperidad eternamente retroalimentada. En un sistema tan feliz, el estado debe tener un papel lo más reducido posible: garantizar la libertad de empresa por medio de leyes regulatorias, y dar servicios a la población allí donde el capital privado los encuentre poco rentables. Por ejemplo, hacer llegar el ferrocarril a la periferia del país en cuestión, donde de seguro, y por muchos años, funcionará a pérdida.

La crisis de la Bolsa en 1929 le enseñó a Estados Unidos que la mano invisible de Adam Smith necesitaba ayuda, pues el teórico no había tenido en cuenta las crisis cíclicas del sistema capitalista. Entonces sobrevino el famoso Nuevo Pacto (el *New Deal*) de Franklin Delano Roosevelt, por el cual se decidió estratégicamente que el Estado tenía la función, también, de garantizar que ningún ciudadano llegara a la indigencia total, y que tuviera cubiertas las necesidades básicas. Nacía el Estado de Bienestar, con instrumentos como el seguro de desempleo, la jubilación estatal, las leyes de estabilidad laboral, cesantía con indemnización, seguros de salud, contratos colectivos y otros.

Lo anterior, lejos de ser una clase de historia de la economía, es un intento de explicar que aquellas normas de nuestra cultura laboral que nos parecen hoy en día tan naturales, no lo son en absoluto. Todos los "personajes" involucrados –trabajador, patronal, estado– tuvieron que adaptarse, por las buenas y muchas veces por las malas, al cambio que sobrevino con los inventos modernos, tales como la locomotora a vapor, el telar mecánico y la cinta de producción fordiana.

Pues bien, he aquí las noticias: el cambio toca a nuestras puertas una vez más. No son noticias buenas ni malas. Es sencillamente la realidad. O, como diría el cantautor catalán Joan Manuel Serrat: "Nunca es triste la verdad; lo que no tiene es remedio".

Para ponerlo en grosera síntesis, estamos pasando de una economía de producción de bienes a otra de servicios, donde el producto principal es el conocimiento. Las empresas han dejado de fabricar, para dedicarse a la investigación, el desarrollo y el marketing. La fabricación del producto en sí, si es un tangible, se terceriza hacia fábricas cada vez más genéricas, o se traslada al llamado Tercer Mundo, de la mano de la globalización.

La evolución de la economía ha pisado el acelerador a reventar. El producto que acaba de desarrollar la empresa tiene una "vida de estante" cada vez más corta y, por lo tanto, a un proyecto de desarrollo lo empuja el que viene atrás. Para cada proyecto se necesita quizás el mismo personal, pero quizás no. Quizás los que pueden desarrollarlo sean otras personas, con competencias nuevas. Contratar empleados fijos, por lo tanto, se ha convertido en un riesgo.

En efecto, todos los días nos enteramos de empresas que quiebran, víctimas de la competencia que trabaja con menor personal y, por lo tanto, a costos operativos mucho menores, que redundan en menores precios al consumidor. La antigua empresa se ve en dificultades en despedir a parte de su planta, porque sus sindicatos siguen defendiendo la estabilidad laboral de sus miembros. El resultado: la empresa entera se va a pique y el ciento por ciento de su personal es el que se queda en la calle.

Otras entran en un estado de coma, debido a que intentan sobrevivir despidiendo gente, lográndolo sólo con aquellos que son más baratos de despedir: los jóvenes que son adecuados para las nuevas tareas tecnológicas, pero que carecen de antigüedad o están "a contrato". Así, sólo quedan los empleados rutinarios, que mantienen la estructura pero cuya función, creada hace treinta años, ya no es necesaria, y así el llamado "Principio de Peter" o "Principio de Incompetencia" se va apoderando de toda la corporación.

Pero muchas otras empresas se las apañan. Así, a pesar de las leyes de estabilidad laboral, la gente comienza, cada vez más, a perder sus empleos. Se inventan nuevos instrumentos, como los planes de retiro voluntario, y se contratan jóvenes sin antigüedad que puedan cumplir con dos condiciones: conocimientos tecnológicos actualizados, y baratos de despedir.

Es decir, ni siquiera hay que despedirlos, pues han sido contratados para un proyecto específico, con fecha de inicio y de finalización. La empresa puede decidir que, luego de los seis meses o los dos años que dura el proyecto, el contratado siga en el siguiente, a condición, a) que la empresa tenga otro proyecto en carpeta; b) que el contratado haya dado resultados; y c) que sus capacidades sean las adecuadas para el nuevo emprendimiento.

Ese es el nombre del juego: resultados. Y esa es la diferencia entre el viejo paradigma del empleo fijo, y el nuevo, del trabajo por proyecto. El empleo fijo era el intercambio de tiempo por dinero. Ciertamente, en los albores del siglo 20, personajes como Ford y Taylor diseñaron ingeniosos sistemas de optimización de la producción en serie para aprovechar mejor el tiempo por el cual pagaban. Pero aun así, el empleado recibía una suma fija por cada hora que trabajaba.

Ese paradigma ha comenzado a agonizar, y hoy las corporaciones, cada vez más, dejan de pagar por tiempo, y pasan a comprar los resultados de lo que se hace en ese tiempo. El individuo, de esa manera, deja de ser un "empleado", para pasar a ser un "prestador de servicios".

Hace poco viajaba yo en un pequeño minibús con otros pasajeros, todos camino a nuestros trabajos, y era testigo involuntario de un diálogo entre una señora de unos 50 años, y una más joven, de unos 28, aparentemente recién casada:

"Qué bueno que estén ya instalados, y que lo hayan hecho en esta ciudad, que es tan linda para criar a los hijos. ¿Dónde estás trabajando ahora?," preguntaba la más madura, con tono maternal.

"En la empresa tal y cual," respondió la joven.

"Ah, qué bien. Es una empresa muy prestigiosa, te felicito."

"Sí, estoy muy contenta. Tengo un contrato por seis meses en un proyecto que me apasiona."

"No entiendo. ¿Sólo por seis meses? ¿Y después?"

"No sé", dijo la joven con total naturalidad. "O seguiré en la empresa o buscaré otra cosa."

La mujer de 50 se la quedó mirando, entre preocupada y perpleja. Sólo yo parecía entender a ambas. La más joven ya es un producto del nuevo paradigma, conocedora de las nuevas reglas del juego. Sabe que tendrá que trabajar en dos frentes, en sus dos "Pilares": por un lado, ejecutar su trabajo en el proyecto actual con alto nivel de excelencia; por otro, ese nivel debe ser tal que le permita conseguir su lugar en el próximo proyecto, incluyendo la posibilidad de negociar un mejor lugar y una mejor paga, so pena para el empleador de verla partir a la empresa de enfrente. Pues la competencia es de dos vías: empresas exitosas en las que conviene trabajar, por una parte, y cerebros jóvenes y brillantes por la otra, por los cuales las empresas se arrancan los pelos entre sí.

La mujer más madura viene de la tradición anterior, no sabría cómo manejar el factor incertidumbre, y seguramente pensó que su interlocutora era una joven inconsciente, por no decir irresponsable. Desde estas páginas le deseamos la mayor de las estabilidades laborales a la señora de mayor edad. Si se queda de pronto en la calle a sus jóvenes 50 años, no sabrá por dónde empezar a buscar su destino, y este libro es para ella.

3 | Hacia una nueva educación financiera

i. Lo que había

De mi educación financiera conservo sólo tres recuerdos. El primero fue a los cinco años de edad. Cuando mis tías me preguntaban qué iba a ser cuando fuera grande, contestaba sin dudar: "¡Sodero!" ¿Por qué?, inquirían divertidas. "Porque gana mucho dinero". Ocurre que todas las mañanas, yo veía al repartidor de soda traernos aquellos viejos sifones a casa y llevarse los vacíos que mamá dejaba al lado de la puerta, junto con la paga. A veces mi mamá estaba en casa, entonces le pagaba en mano. Ese lugar me gustaba: el del que recibe todos los días dinero contante y sonante, directo a su bolsillo. Luego se me pasó la ambición.

El segundo fue en la escuela primaria: la libreta de ahorro. Cada semana, o cada mes, los alumnos éramos invitados a comprar unas estampillas rojas para pegar en nuestras libretitas, donde alguna vez lográbamos reunir una suma que nos parecía importante. Todo el mensaje educativo se resumía en: "El ahorro es la base de la fortuna". La libreta se perdió en el pasado. La suma pagada por las estampillas rojas, inflación argentina mediante, también.

El tercer recuerdo atraviesa toda mi vida con mis padres. Una vez por mes, papá se sentaba en la mesa del living a "hacer las cuentas". Extendía una enorme sábana de papel cuadriculado y, con la sola ayuda de un lápiz, una goma de borrar y una calculadora de bolsillo, anotaba números, cientos de números. Cuando sus hijos le preguntábamos: "¿Qué haces, papi?", nos contestaba cálida e invariablemente: "Estoy haciendo las cuentas, gordi". Hoy recuerdo esa enorme sábana cuadriculada y me pregunto cuál habrá sido su sistema para llevar el presupuesto, que jamás pasó por su cabeza explicarnos. A nosotros, aun ya crecidos, jamás se nos ocurrió preguntarle.

Eso es todo. Jamás me explicaron cómo funciona el dinero, cómo se puede hacer para adquirirlo más allá del trabajo asalariado, qué es el comercio, cómo funciona un banco, qué es una inversión. Hablar de dinero en casa era tabú, preguntarle a papá cuánto ganaba era una falta de respeto, y en la escuela sólo se hablaba del ahorro como un "valor", igual que la solidaridad, el respeto mutuo o la libertad.

El resultado de esta omisión pedagógica, tanto en el hogar como en los marcos educativos, es –no encuentro otra palabra– terrible. La gente de nuestra generación sigue pensando que "el dinero no hace la felicidad", que "los ricos no son trigo limpio", que "el dinero sólo trae más dolores de cabeza", y demás programaciones negativas respecto de lo económico.

Las programaciones positivas con las que crecimos, en cambio, estuvieron siempre dirigidas a terminar una carrera para conseguir un buen empleo, como único modo posible de ganar el sustento.

Las consecuencias son terribles porque dicho mensaje cierra toda otra posibilidad de crear ingresos. La gente que pierde hoy en día sus empleos a los 45 años para arriba, se retuerce entre dos esfuerzos: conseguir un nuevo empleo, u optimizar su cobro del seguro de desempleo o paro. Pobre manera de pasar los últimos veinte años (¡veinte años!) de vida útil, sus posibilidades de progreso económico, su realización personal y su aporte a la humanidad, antes de jubilarse y pasar a mejor vida.

Existen incluso empresas que ganan fortunas dedicadas pura y exclusivamente a ayudar a los desempleados maduros a escribir un currículum de un modo moderno: a una sola página y resaltando los logros alcanzados en los empleos anteriores. El problema es que sólo un ínfimo porcentaje (alrededor de un 6%) de despedidos a partir de la edad de 45 años, logran reinsertarse en el mercado del salario.

Nada se dice sobre otras formas de ganarse la vida, cómo concebir el trabajo autónomo o empresarial, mucho menos cómo crear ingresos pasivos por medio de la inversión. El empleo, esa forma en extinción de trabajar, sigue siendo el ídolo. Pero el ídolo se hunde como un Titanic, y toda una generación sigue bailando en su honor, como si quisiera hundirse con él.

ii. Lo que hay

Es cierto, los tiempos han cambiado en el área de la educación financiera. Hoy existen programas escolares, institutos privados y aplicaciones de computación lanzadas por los propios bancos, para educar a los niños en cómo utilizar mejor sus servicios... de un modo más rentable para ellos.

En países del Tercer Mundo, se han desarrollado numerosos proyectos de educación financiera para adultos en los sectores carenciados de la población. Obviamente se trata de una buena noticia. En los sectores desaventajados de la sociedad, la primera enseñanza es que el hablar del dinero y su manejo no es sólo para ricos o pudientes.

Algunas escuelas privadas han comprendido que deben incluir el "emprededorismo" en sus currículas. Existe una ONG con la que recomiendo a todas las instituciones educativas estar en contacto: Junior Achievement, www.jaworldwide.org. Se trata de una organización que, junto con la escuela y empresas locales, implementa un programa por el cual grupos selectos de cada aula conducen y acompañan el proceso de creación y comercialización de un producto, compitiendo incluso entre diversas escuelas. Los niños deben inventar el producto, realizar un estudio de mercado y un plan de negocios, elaborar el producto, promoverlo y venderlo.

Era hora.

iii. Lo que *no* hay

Muy sencillamente, programas como el de Junior Achievement o similares deberían ser obligatorios en todas las escuelas, tanto privadas como públicas, y para todo el alumnado. Es un error pensar que las herramientas conceptuales del emprendedorismo son sólo para pequeñas elites de alumnos brillantes. Los ministerios de educación debieran abrir sus puertas de par en par a Junior Achievement y pasar de la etapa piloto a la de educar a toda la población para la era post-salarial.

Lo que no hay, ni siquiera a título experimental, son programas similares para adultos, quienes ya perdimos ese tren. Todos los programas de educación financiera que sí hay para adultos son positivos. El problema es que sólo atacan un aspecto del asunto: qué debe hacer la gente para no endeudarse. Todos, sin embargo, dan por sentado el ingreso del participante en el programa.

Un problema de ahorro preguntará a los alumnos: si Fulanito recibe 20 euros por mes de remesa, ¿cuántos meses y cuánto dinero cada mes deberá ahorrar para comprarse una raqueta de tenis que cuesta 56 euros? ¿Qué presupuesto deberá confeccionar la familia Álvarez, si el jefe de la familia obtiene 1.100 pesos por sus cultivos, y su esposa recibe 900 pesos por su trabajo como dependiente en un local de ropa? ¿Cómo se deberá modificar el presupuesto si a los Álvarez les nacen trillizos?

En ningún plan para adultos de los que hemos podido verificar se habla de cómo se generan los ingresos. ¿Qué pasa si ese año hay sequía? ¿Qué pasa si el empleado es despedido, o se le acaba el seguro de desempleo? ¿Para qué les sirven estos programas de educación financiera a millones de desempleados?

El sistema educativo general sigue inscripto en el mismo paradigma del empleo como ideal de generación de ingresos. Las preguntas de cuáles son los diversos tipos de ingresos, en qué se diferencia el trabajo asalariado del trabajo autónomo, y éste del empresarial; en qué consiste el comercio, qué es un activo, cómo se invierte en bolsa, cómo se crea una empresa, cómo se comercia con bienes inmuebles, son preguntas altamente relevantes para toda edad y población, sobre todo en las sociedades de desempleo crónico, como en el Tercer Mundo, o de desempleo creciente, como en el Primero.

La pregunta que deberían responder los programas de educación financiera en la era post-salarial es: cuando nadie quiere que trabajemos para ellos, cómo hacer para mantenernos de todas formas. O, dicho de otro modo, cómo hacer para que aquellos que antaño nos contrataban, hoy compren nuestros productos y servicios.

En resumen, ¿cómo hacer que, igual que para el portero del prostíbulo, nuestro despido, retiro voluntario o renuncia por hartazgo, sea, también en nuestro caso, una buena noticia?

CAPÍTULO II

"Para que las cosas cambien, *yo* debo cambiar"

1 | Claves para descifrar el mundo

Un campesino tenía un único hijo y un caballo. Un día se escapó el caballo. Los hombres del pueblo le dijeron: "Qué mal". El campesino les dijo: "¿Cómo saben que ello es malo?" Al día siguiente volvió el caballo, y con él tres caballos más. Dijeron los hombres del pueblo: "Qué bien". Y el campesino les contestó: "¿Cómo saben que es bueno?" Cuando trató de domar a uno de los nuevos potros, su hijo cayó y se le quebró una pierna. Los hombres del pueblo dijeron: "Qué mal". El campesino: "¿Cómo lo saben?" El ejército vino a llevarse a los jóvenes del pueblo para la guerra, pero su hijo no podía guerrear debido a su pierna rota, y no se lo llevaron. "Ustedes no pueden saber nunca qué es bueno y qué es malo", dijo el campesino, "porque de hecho, todo es según los ojos con que se mire. Pues, en realidad, en cada hecho que acontece, hay un poco de ambos". (Leyenda china, anónima.)

Como suele suceder con toda producción cultural, el cine cuenta -por lo menos- dos historias: una es el argumento de la película en cuestión. La otra es el modo en que sus realizadores ven el mundo. Así, el mundo de Woody Allen es un lugar donde todos dicen cosas terribles, inteligentes y profundas los unos a los otros... ¡todo el tiempo! Aunque sus películas sean magníficas, creo que deberían internarme en un hospicio a los tres días de vivir en el mundo creado por Allen. En las policiales es concebible vivir la vida cotidiana dando y recibiendo trompadas y balazos, y en *Desperate Housewives* no existe la responsabilidad: vale incluso extorsionar al vecino sin perder su amistad. Es como una clave musical: el cineasta dicta las leyes de su universo, y en base a esa clave ocurre una trama que nos parece coherente. Los semiólogos lo llaman: "totalidad de sentido".

Con las personas ocurre exactamente lo mismo. A nuestro limitado cerebro no le queda más alternativa que hallar una clave que le ayude a descifrar el mundo. De otro modo, enloqueceríamos ante el caos inasible. Lo que vemos no es el mundo, sino nuestra interpretación.

Tengo un amigo optimista que una vez definió el mundo como "un parque de diversiones", donde todo lo que hay que hacer es elegir el siguiente placer, aventura o realización, y disfrutar de la vida hasta el final.

Una ex alumna mía, paralítica en silla de ruedas luego de haber sufrido un accidente en su niñez, definía el mundo como "un lugar peligroso". Para ella, ninguna precaución era suficiente.

Para una señora conocida de mi familia, la vida era una seguidilla de desgracias y enfermedades.

Para una querida amiga, todo en este mundo es cuestión de suerte, y percibía la suya como muy mala.

Los marxistas miden todo en términos de lucha de clases, pobres y ricos, explotadores y explotados. En realidad, todos los militantes políticos traducen y reducen el mundo a partidarios y opositores.

Los niños dividen el mundo en buenos y malos. Las creaciones culturales dirigidas a ellos estimulan esta manera de construir su mundo.

Las claves son como anteojos de colores que nos ponemos para ver algo que de otro modo nos enceguecería pues, en efecto, no podemos percibir el mundo, sino la interpretación que nos armamos de él. No podemos cambiar el mundo. Sin embargo, podemos cambiar nuestra interpretación.

El gran desafío, pues, es cambiar de anteojos.

2 | Eligiendo anteojos nuevos: vernos como autónomos

Pasar del paradigma de "empleado" a un paradigma de "autónomo" no implica sólo abrir carpeta en la Dirección Impositiva. Implica también un cambio de anteojos con los cuales interpretar el mundo, en particular el laboral.

El principal obstáculo mental para que la gente abra un negocio propio, luego de haber sido empleado asalariado durante toda su vida se resume en una palabra: seguridad.

Un asalariado, llamémoslo el Sr. González, ha sido despedido. Hasta ese día, se sentía seguro: recibía un salario todos los meses, sabía exactamente a qué número ascendería ese mes su haber en el banco; sabía armar un presupuesto de acuerdo con ello y, con lo que quedaba, sabía gastar en su tiempo libre, hacer caridad, o bien ahorrar, invertir el excedente para crear un ingreso pasivo y aumentar su patrimonio.

Ocurre, como en el caso de las claves para descifrar el mundo, que se trataba de una seguridad ficticia, y las pruebas están al canto: el Sr. González, un buen día, fue despedido. No se ha quedado solamente sin su salario. Se ha quedado sin su sensación de seguridad. Tampoco tiene herramientas para enfrentarse con la situación de no empleo. Una situación que, a decir verdad, era la otra cara del empleo.

Lo asombroso del caso, es que, incapaz de cambiar de anteojos, el Sr. González, asalariado de alma, querrá conseguir un nuevo empleo que lo haga sentirse, una vez más, ficticiamente seguro. Pues si todo esto es así, la pregunta más racional no debería ser cómo lograr un nuevo empleo (escribir mejor el currículum, hablar con todos los conocidos, recurrir a viejos jefes, y todos los tips que encontrará en cualquier página de internet), sino: ¿por qué diablos habría el buen Sr. González de buscar otro empleo? ¿No ha tenido suficiente?

En la nueva era del mundo laboral, en la que el despido, real o inminente, se ha convertido en norma, lo seguro de ayer es lo riesgoso de hoy. En realidad, la seguridad no existe, es una ilusión óptica, que nos hace buscarla una y otra vez, pues se encuentra en nuestra imaginaria "zona de confort".

Nuestro cerebro no es un tipo de fiar. Dése una vuelta por el siguiente sitio: www.ritsumei.ac.jp/~akitaoka/rotate-e.html.

Se trata de algunas de las brillantes obras de ilusión óptica de Akiyoshi Kitaoka. Excepto cuando miramos directamente, los diferentes círculos y espirales giran... sólo en nuestras mentes. Esto prueba que nuestro subconciente tiene su propio sistema de percepción... y que el mundo fuera de nuestro cráneo es siempre diferente de como lo vemos.

Lo fabuloso de estas ilusiones, es que, aun sabiendo que ningún círculo está moviéndose realmente, el efecto ilusorio se sigue produciendo. Mientras escribo esto, "veo" un montón de círculos dar vueltas sin cesar...

Lo mismo ocurre con la "ilusión de seguridad laboral" en el empleo asalariado: mientras lo teníamos, sentíamos seguridad, pero ¿acaso no estábamos amenazados? Sin embargo, estemos o no empleados, seguimos teniendo la sensación de que con un empleo estábamos -y volveremos a estar- seguros.

¿Qué pasaría si lográramos, si no dejar de ver el empleo como algo seguro, por lo menos intentar aceptar que se trata de una ilusión, y actuar en consecuencia?

El primer paso es analizar los verdaderos pros y contras del empleo asalariado frente a los del trabajo como autónomos:

i. Ser asalariado

El empleo, mientras dura, nos da un salario fijo, con aumentos periódicos y escalafonados. Pero, en general, los salarios son bajos, las perspectivas de aumento son también bajas y pautadas de antemano. Es decir, no se premia la calidad del empleado y de su trabajo, sino su capacidad para durar.

Existen, ciertamente, posibilidades de crecimiento dentro de la organización. Pero ello no está garantizado. Los ascensos también están pautados, y dependen más del organigrama y del retiro de otros, que del propio mérito.

Una ventaja clara, mientras dura el empleo, son los beneficios sociales: vacaciones, francos, aguinaldo, bonificaciones por vestimenta, viáticos, días de enfermedad, etc. Nos da tranquilidad: no tenemos que pensar en otra cosa que en nuestra función. Tenemos que hacerla bien, pero si lo hacemos bien en un 90% o en un 80%, el mismo salario entrará en el banco a fin de mes. Eso nos permite planificar nuestras finanzas: trazar un presupuesto, tomar decisiones relativas a ahorro e inversión, etc. El problema es que demasiada gente vive "al día", y no crea capacidad de ahorro por medio del trazado de un presupuesto. Entonces no hay inversión, creación de ingresos pasivos, salvo lo que mi empleador descuenta para mi jubilación.

Una desventaja clara, en cambio, es el "síndrome del sapo hervido". No haga la prueba, para que no se diga que estimulo los experimentos con animales. Baste como parábola para explicar el punto. Dicen que si se coloca un sapo o una rana en una olla de agua hirviendo, el animal saltará de dolor hacia fuera de la olla. Pero si se lo coloca en una olla de agua fría que se va calentando al fuego, el sapo, de sangre fría, irá adaptando su propia temperatura a la del agua, y cuando el agua llegue a su punto de ebullición, un sorprendido sapo se convertirá en guiso.

En la oficina de hoy, somos víctimas del "síndrome del sapo hervido". Los cambios son tan paulatinos que apenas los percibimos. De pronto hay menos gente. De pronto nos dan más tareas, las de los despedidos. De pronto, sin embargo, no hay más aumentos, y olvídese de poder cobrar las horas extras que nos lleva hacer el trabajo de los que ya no están, porque estamos "en días de supervivencia" y "tu recompensa es conservar el puesto". Pero el jefe es cordial, nos da contención, elogia nuestro trabajo, nos promete que se trata de una situación pasajera y de tanto en tanto nos paga un almuerzo. Nos sentimos en casa, sentimos ese calorcito irresistible que nos da estar en nuestra zona de confort, y las cosas están tan mal que podemos y debemos aguantar, pues hay cuentas que pagar y no nos olvidemos de que nuestros amigos están peor. A todo nos acostumbramos, hasta que nos despiden, y somos guiso. No entendemos que no se trata de una injusticia, sino del final anunciado de un proceso claro.

Lo bueno que tiene el empleo asalariado es que tenemos por lo general un solo jefe. Hay reglas de juego claras, hay relaciones humanas que aprendemos a manejar, hay una cultura institucional de la que aprendemos a ser parte. La gente con la que trabajamos es muchas veces nuestra segunda familia. Nuestro empleo nos da una identidad: *somos* nuestro cargo y nuestra función.

Una contracara de esta calidez de hogar se llama, en el mundo empresarial, el "Principio de Peter" o "Principio de Incompetencia", traído al mundo por Lawrence J. Peter, y que dice: "En toda jerarquía los miembros ascienden hasta alcanzar su nivel de incompetencia y permanecen en él".

Pongamos por caso a Carlos, tan bueno en su trabajo como vendedor, que al cabo de un par de años lo ascienden a jefe de vendedores. Es tan bueno, que lo ascienden, cuando le toca, a gerente de ventas. Allí, o en el siguiente ascenso, Carlos ya no es tan bueno. Es mediocre, así que ya no lo seguirán ascendiendo, aunque tampoco lo pueden devolver al lugar donde ganaba menos, pero donde brillaba, hacía un trabajo de excelencia y era feliz. De ese modo, los puestos medios y altos en las corporaciones se van poblando paulatinamente con gente mediocre y amargada.

Carlos, por su parte (a condición que tenga autoconciencia), ya no crece, y se siente enterrado en vida cumpliendo una función que no lo llena. O, si no es conciente de sí mismo, cree que es bueno en su trabajo, no comprende por qué no lo ascienden más, y está seguro de que lo odian o tan sólo lo toleran. Le harán un favor cuando lo despidan, si no renuncia antes.

El principio de Peter fue expresado con un guiño de humor, pero otros teóricos de la administración pudieron comprobar que se trataba de un patrón que se daba en la vida real de las organizaciones. Quien fue más lejos, tanto en la crítica a la vida asalariada como en el humor, fue Scott Adams con su ya legendaria tira cómica "Dilbert". El Principio de Dilbert afirma, refutando en clave de sátira el Principio de Peter, que las compañías tienden a ascender a sus empleados incompetentes directa y premeditadamente hacia puestos en los que no pueden hacer daño a la empresa: la alta dirección.

En otro orden, el mismo Adams hace el parangón entre ser empleado y estar preso. En uno de los episodios, un empleado exconvicto cuenta que en la cárcel los sacaban una hora por día al patio a respirar aire fresco, a lo que un compañero de Dilbert responde: "A nosotros no nos dan ni eso". Un día, la empresa decide alquilar cubículos de oficina a la cárcel del condado, para bajar costos. Al anuncio del jefe, uno de los empleados se queja: "¡Eso es injusto!", a lo que el jefe responde: "Por ahora los presos no se han quejado".

Cuando llegan los presos, uno de ellos se asoma al cubículo de Dilbert y le susurra: "Pst, amigo, ¿por qué te metieron?" Dilbert: "A diferencia de ti, no soy un preso. Elegí trabajar aquí por mi propia y libre voluntad". Preso: "Genial, encima me destinaron a la sección dementes". Dilbert: "A mí **me gusta** trabajar".

Si todavía no conoce a Dilbert, corra y visítelo en www.dilbert.com. Se enterará de esta y otras delicias de la vida en la oficina. Si se ríe demasiado, es porque Dilbert está hablando de usted.

La otra gran enfermedad de la vida asalariada, es la política de oficina. Con todos mis amigos empleados se repite, con leves variaciones, el siguiente diálogo:

"Mi organización es la más enferma, chismosa, donde se tejen las intrigas más sucias, y donde más se roba en todo el planeta," dice mi amigo o amiga.

"Tengo noticias para ti", le contesto. "Todos mis amigos empleados me dicen exactamente lo mismo."

"Sí, puede ser, pero yo te voy a explicar por qué mi organización no se puede comparar con ninguna..."

Y sigue una catarsis de media hora sobre las intrigas y corruptelas, que todos los empleados creen que son las peores de la tierra.

¿Le resulta conocido? Si ha sido despedido, o si está elaborando su renuncia, todo eso se ha terminado para usted. ¿No es fantástico?

ii. Ser autónomo

En el trabajo autónomo o autoempleo, no hay techo salarial, no hay límite de cuánto podemos ganar.

La desventaja es que tampoco hay piso. Puede haber meses buenos, y meses malos. Luego del primer año, deberemos trazar un presupuesto en base al promedio mensual del año anterior, y ni un centavo más, por más que este año sea mejor.

Por eso, si tiene empleo, la mejor recomendación es iniciar su negocio o su emprendimiento de autoempleo en paralelo y a tiempo parcial. Solamente cuando gane durante tres meses lo mismo que en su empleo, o tenga una proyección de ganar en un año lo mismo que ganaría en su trabajo asalariado, habrá llegado la hora de decidir si renunciar o no.

Si, en cambio, está desempleado, la estrategia es diferente. Puede intentar conseguir un empleo temporario, y seguir la recomendación del párrafo anterior. Si no lo logra, inicie su nuevo trabajo como autónomo lo antes posible. No tiene tiempo que perder, y no le queda *qué* perder. Su página web, su tarjeta de presentación y demás gastos de inversión, hágalos sobre la marcha.

Otra característica del trabajo autónomo es que se trabaja en base a proyectos y a resultados. No hay rutina, siempre se está proyectando, planificando, ejecutando. El problema es que si no hay resultados, o si estos no son satisfactorios para el cliente, no hay paga, o no se produce la recomendación boca a boca.

Una desventaja clara es que no hay beneficios sociales como días de enfermedad o vacaciones. Éstas me cuestan el doble: lo que cuestan, más el costo de oportunidad, a menos que mi negocio sea por internet y no dependa de mi ubicación geográfica. Entonces me veré a mí mismo trabajando con mi laptop en la habitación de hotel mientras mi familia pasea o disfruta en la piscina. Pero esto también lo sufren los ejecutivos asalariados...

Sin dudas, el gran Talón de Aquiles del autoempleo es la enfermedad. Sencillamente, no podemos enfermarnos, pues nadie nos pagará por no acudir ese día al trabajo pedido, si la paga es por hora. Cuando el autónomo piensa en la posibilidad de asociarse con un colega, tener días libres o de enfermedad es una de las razones de peso.

Tampoco hay jubilación pero, en este caso, el autónomo puede planificar este y demás beneficios por medio de cajas privadas, seguros de vida, fondos de previsión, etc. La trampa es que esto depende de la conciencia y responsabilidad del autoempleado, lo cual puede ser aleatorio: nadie nos persigue para que iniciemos un seguro de vida, descontándonos a nosotros mismos ganancias que a veces son magras. Yo mismo comencé tarde a construir mi jubilación, así que sé de qué estoy hablando. No cometa el mismo error.

A diferencia de lo que ocurre en el empleo, el precio de los servicios que vendo o de la hora en que los produzco, es negociable. Y a diferencia del empleado, el autónomo tiene también poder de negociación. La contracara es que mi fuerza de negociación estará limitada por la fluctuación del mercado y la competencia. Debo conocer a ambas.

La gran ventaja, y lo que neutraliza la inseguridad laboral, es que no tengo un solo jefe, sino muchos clientes. Toda mi concepción y mi modo de relación cambia. Como lo veremos en nuestro capítulo sobre marketing, cada vez que ejecuto un trabajo ya acordado-vendido, éste sirve como publicidad para el siguiente. Por lo tanto, mi concepción debe ser la del "prestador de servicio", no la del subordinado.

Aun si mi cliente dirige mi trabajo durante el proyecto en cuestión, es decir que es mi jefe, mi trabajo será de una excelencia máxima, porque es mi servicio al cliente. No estaré cumpliendo órdenes, sino realizando mi vocación en la vida, y satisfaciendo a un cliente al que quiero conservar. No sólo mi trabajo será mejor; mi posición será más digna, de igual a igual y ya no de abajo hacia arriba. En lugar de jefe y empleado, la relación es de director de proyecto a director de la "empresa dadora de servicios" que soy yo mismo.

Una ventaja derivada es la multiplicidad de clientes. Si mi jefe para tal o cual proyecto no está satisfecho con mi trabajo, sencillamente no me contratará para el siguiente, tal como ocurre cuando usted compra un pantalón en otro local si no le gusta el que compró en el anterior, o no le cayó bien la atención recibida. En ese caso, no hay indemnización (salvo mediante demanda judicial en la que probemos relación empleado-empleador). Pero tampoco hay situación de desempleo, porque hay otros clientes.

El ser autoempleados es la posibilidad de generar proyectos y nuevos productos de modo permanente. Nos mantiene despiertos y alertas ante nuevas oportunidades, y también ante cambios de tendencia o amenazas.

Lo anterior puede ser visto también como desventaja, lo cual ya depende del carácter de cada uno. Sin embargo, es principalmente una cuestión de aprendizaje. En mis comienzos, yo era sólo periodista y docente, y no quería tener otra preocupación que las noticias y mis clases. Aprender las nuevas capacidades fue un proceso que a mí personalmente me llevó años, por no mediar una decisión conciente. Pero a usted puede llevarle menos, y vale la pena.

Los autónomos hacemos lo que nos gusta, y aquello para lo que somos buenos. No existe, como en las grandes corporaciones, el Principio de Incompetencia. La desventaja es que también debemos hacer cosas que no habíamos elegido, que no eran parte de nuestra vocación, y para las que no hemos sido formados: marketing, ventas, administración. Pero ese es el precio a pagar por realizarnos como personas a nivel profesional y existencial, como probablemente nunca lo hubiéramos logrado en nuestro "seguro" empleo. En mi experiencia, a la larga terminé siendo adicto al marketing, al desarrollo personal y a las demás habilidades del Segundo Pilar.

iii. Viva la diferencia

Queda claro, pues, que la seguridad objetivamente no existe en ningún tipo de trabajo o actividad, ni en el empleo ni en el trabajo autónomo. Y dado que esto es así, el segundo paso es quitar el factor seguridad de la ecuación. En el diálogo que me tocó escuchar en el minibús, la mujer madura y la joven transmitían en distintas frecuencias. La mujer más madura concebía la vida laboral en términos de seguridad, y por eso no podía comprender a la más joven.

En cambio, la seguridad ni siquiera aparecía en el discurso de la joven, pues no era parte de su universo conceptual. Sólo aparecían su pasión, su autoconfianza, y el hecho, no de tener un empleo, sino de tener una carrera.

Pues, si bien no hay seguridad laboral, y puede haber fluctuaciones estacionales, se trata de un negocio que va creciendo, a medida que se construye una trayectoria, se adquiere más experiencia y más conocimientos, además de una clientela fiel, que se mantiene y se amplía sistemática y sostenidamente. Nuestra seguridad aumenta, pero es una seguridad en nosotros mismos, lo que nos anima a ir subiendo nuestro precio en base a nuestro valor para el mercado, en la medida en que invirtamos en nuestro propio desarrollo personal, incluso más que en nuestro trabajo

El factor incertidumbre, en el trabajo autónomo, nunca desaparece del todo, pero sí el miedo. Queda, en cambio, el desafío de crecer en base a proyectos y habilidades que lo hagan a uno realizarse como persona al tiempo que obtiene una paga cada vez mejor, junto con el reconocimiento y la satisfacción de dar.

Una vez que quitamos el factor seguridad de la ecuación, veamos la tabla que resulta de comparar el trabajo asalariado con el autónomo:

Trabajo Asalariado	Trabajo Autónomo
Salario fijo, por lo general más bajo que nuestra expectativa, en aumento paulatino, lento y previsible. No depende de la calidad de mi trabajo.	No hay techo ni piso en los ingresos. Necesidad, para bien y para mal, de estar en permanente movimiento.
Crecimiento posible pero no asegurado dentro de la organización, pautado según el escalafón. El desarrollo personal puede darse o no: no es intrínseco a la situación de empleado.	Crecimiento profesional sin límites, debido al desarrollo obligatorio y constante de proyectos y conocimientos, y a la ampliación de la clientela.
Beneficios sociales: vacaciones, francos, aguinaldo, bonificaciones por vestimenta, viáticos.	Todos esos beneficios deben ser planificados por el autónomo. Esto requiere desarrollar una eficiente disciplina administrativa.
Jubilación a una edad prevista y obligada.	Jubilación privada, sin retiro obligatorio.
Todos los huevos en la misma canasta. El jefe tiene derecho de "vida" o "muerte" sobre mi empleo. Muchos sienten que también lo posee sobre su persona. Hay indemnización, y un proceso angustiante de buscar nuevo empleo.	No hay un jefe, sino múltiples clientes. Muchas veces, éstos pueden actuar como mi director o jefe *ad hoc* para determinado proyecto, pero no me puede despedir, como máximo puede no volver a contratarme si el desempeño no fue de su satisfacción o si no hubo química en la relación. No hay indemnización, pero tampoco hay situación de desempleo, pues hay otros clientes.

Mentalidad de "empleado". Como en la ilusión óptica, no se concibe otro modo de trabajar que el empleo asalariado. Si hay hartazgo no se ve la salida, y la situación de desempleo es agónica.	Mentalidad de "empresario". Hay épocas buenas y épocas más débiles, que obligan al autónomo a repensar estrategias y generar nuevas ideas. Se puede deprimir momentáneamente, pero también sabe que esas son las reglas del juego, y está preparado.
Se intercambia tiempo por dinero, a un precio fijo, con margen de negociación reducido o nulo.	Se intercambia tiempo o resultados por dinero, con un margen mucho mayor para la negociación del precio, que varía entre un cliente y otro.
Se es experto sólo en el área en la que se ha estudiado, o en la que la persona ha sido contratada y capacitada.	Además del Primero, se debe poner en acción el Segundo Pilar: marketing, ventas, administración, comunicación interpersonal, etc.
El asalariado invierte esfuerzos sólo en ejecutar su trabajo y en actualizarse en su área o Primer Pilar.	El autónomo invierte esfuerzos en desarrollar sus Dos Pilares: se actualiza en su área y desarrolla su negocio.
Principio de Incompetencia.	No hay Principio de Incompetencia: nos dedicamos siempre a aquello que nos gusta y en lo que somos buenos.

3 | Ahora, el cambio

Todo lo anterior pretende ser un capítulo de motivación: vamos, arriba ese ánimo. El hecho de que las reglas del juego hayan cambiado, el hecho de que le hayan movido el queso de lugar, el hecho de que prácticamente no le quede otra alternativa que convertirse en autónomo, no necesariamente significa una desgracia.

Por el contrario, en mi opinión se trata de noticias excelentes. Es el fin para usted de un empleo que lo condenaba a la mediocridad y a un nivel de vida fijado a priori por otros.

Ahora tiene la obligación, pero también la oportunidad, de crecer, de volver a entrar en un circuito de formación permanente, de estudio, de observación del mundo y sus oportunidades, de conocerse a sí mismo y detectar aquellas ventajas que lo hacen más atractivo que otros, de valorar los triunfos que ha tenido en la vida con otros ojos: ¡usted puede triunfar otra vez!

Es cierto, de esto depende ahora su vida y su futuro. Pero sólo hasta que empiece. Una vez dado el paso, su vida dejará para siempre de estar en juego. Sobre todo, dejará de estar en manos de otros, para estar en las suyas propias.

Ya nadie le dirá qué hacer ni cuándo ni cómo. No sufrirá reuniones de trabajo tan insufribles como inservibles. No será víctima de la chismología ni de la política de oficina, de los ladrones de tiempo, de las bromas pesadas de su jefe o del empleado estrella y tantas otras taras oficinezcas.

El título de este capítulo lo dice todo: "Para que las cosas cambien para mí, *yo* debo cambiar". La frase pertenece a Jim Rohn, uno de los grandes maestros del desarrollo personal. El mundo, decía Rohn, ya fallecido, es igual de bueno y de malo para todos. La lluvia cae sobre todos de modo parejo, las crisis económicas golpean a todos con la misma fuerza, las reglas de juego de la economía, del mundo laboral, son las mismas para todos. ¿Por qué, entonces, a iguales condiciones, a algunos les va bien y a otros les va mal? La respuesta cae de madura: los diferentes somos nosotros, no el mundo exterior. Por lo tanto, si yo quiero que el mundo me trate mejor, soy yo el que debe cambiar.

4 | Compárese con usted mismo

Puede que su respuesta sea la queja clásica: "Es que Fulano heredó la fortuna o el negocio de su padre", o "Es que Fulano pudo estudiar", "Fulano es más joven", incluso "Fulano nació como más cojones que yo". Es decir: "Fulano tuvo mejores condiciones de partida".

Primero, perdónese por ello. No por sus desfavorables condiciones de partida, sino por seguir quejándose y por compararse con otros. Repito: perdónese por hablar desde la queja, pero... deje ya de quejarse. Esos anteojos están envenenados. ¡Quíteselos!

Verá: usted siempre tendrá peores condiciones que algunos... y mejores condiciones que otros. Menos belleza, menos dinero, menos carisma, menos don de la palabra, menos talento que algunos... ¡y más que otros!

¿Con quién se está comparando? Sin pensarlo, arroje el nombre. Vamos, sea sincero: ¿es con su amigo de la infancia, que llegó a CEO de esa empresa y tiene una casa con jardín y piscina en el suburbio, con una 4x4 estacionada en el garaje? Si tiene la suficiente confianza, abórdelo y pregúntele: ¿Te sientes rico? ¿O talentoso, o exitoso? Casi con seguridad le contestará que no, pues no hace exactamente lo que le gusta y siempre está con deudas. Entonces, pregúntele: ¿Con quién te estás comparando? Invariablemente tendrá una respuesta, aunque no se la diga.

Uno siempre se compara con el que tiene mejores condiciones que uno, pero cercano en la escala. Ejemplo: un rico neoyorquino para su limusina frente a dos mendigos sin casa en una noche invernal, abre su puerta y les arroja una sola frazada. Uno de ellos logra atraparla. ¿A quién envidiará el otro mendigo? ¿Al rico de la limusina... o al otro mendigo? Resulta ser que envidia a su compañero con la frazada. Parece ser una cuestión de justicia por equiparación: si él es igual que yo, de la misma edad, proveniente del mismo barrio, del mismo nivel socioeconómico, y del mismo (o a veces peor) nivel intelectual, ¿por qué él tiene tal cosa o llegó a tal posición, y yo no?

Así, usted no se compara con Donald Trump, que tiene un jet privado, sino con su vecino, que tiene dos coches, cuando usted sólo tiene uno. O con su cuñado que, además del piso en un barrio lujoso, tiene el bungalow en el country-club. Usted, en cambio, conserva el piso, pero debió vender el bungalow en la última crisis. Su amigo, al que usted tiene como punto de referencia, envidia a alguien a su vez, y éste a alguien más, y así sucesivamente. Ahora mire para atrás: ¿quién lo ve a *usted* como su punto de referencia, inspiración o insana envidia? Se llevará una sorpresa.

La conclusión es alentadora: queda usted oficialmente liberado de la envidia. Pues, cada uno en su escala, todos vivimos con la sensación de que podemos tener más, todos estamos arriba de algunos y debajo de otros. Todos. Y dado que es así, también podemos decidir autoliberarnos y no envidiar, sino, como máximo, ver a nuestros amigos como dignos de admiración e inspiración, y tenerlos como metas positivas a alcanzar. En lugar de envidiar, aprenda de ellos, y trabaje hacia allí. Sea usted, emprenda su viaje para su propio crecimiento personal, material y espiritual. Luego, enséñeselo a otros. Lidérese y lidere.

Pues su vida no empieza ahora. Usted trae consigo una completa caja de herramientas para emprender desde ahora un viaje fascinante. Incluso tiene la capacidad del aprendizaje: aprenda con ella nuevas habilidades, adquiera herramientas nuevas. Mejore, capacítese, cambie para que las cosas cambien para usted.

5 | De la culpa a la responsabilidad

Existen dos tipos de personas culposas: las que culpan a otros por su situación, y las que se culpan a sí mismas. Sus padres y los marcos educativos por los que pasó les enseñaron a ser empleados. Pero sus padres también fueron educados así, y los marcos educativos están manejados por educadores que también han sido educados así. Los empresarios hacen dinero, no escuelas.

Su despido tendrá seguramente algún culpable coyuntural: el que habló mal de usted, el que no reconoció su trabajo, el que no lo tuvo en cuenta para el ascenso o para el nuevo proyecto. Tal vez usted se culpe a sí mismo por haber sido demasiado modesto y no exponer sus logros como es debido, por confiar demasiado en los demás, por no haber ido a ese curso de actualización, o por irse sin presentar batalla. Pero lo cierto es que todo el sistema está cambiando, y está cambiando para todos. El que habló mal de usted está parado en la cola de los próximos despidos.

Cambiar el color de los anteojos con los que mira el mundo es abandonar el paradigma de la culpa, y colocarse los anteojos de la responsabilidad. En lugar de culparse o culpar a otros de su situación, tiene hoy la oportunidad de asumir la responsabilidad por su vida.

La culpa lo atasca en la amargura y en el pasado; la responsabilidad le devuelve las riendas de su existencia de cara al futuro. Si nadie, ni siquiera usted mismo, tiene la culpa de lo que le ocurre, y si usted es responsable de su pasado, también está al mando de su futuro. Y dado que quiere que éste sea mejor para usted, puede confiar en que está en buenas manos: las suyas propias.

6 | Nosotros y los miedos

Muchos me preguntan: "¿Crees que el autoempleo es adecuado para todos?" Nadie preguntó esto a los millones de autónomos de la Edad Media, cuando los hicieron entrar a la fuerza a la era del trabajo industrial asalariado. Para ellos fue humillante: "Siempre me valí por mí mismo, ahora tengo que depender de otros para que me exploten y me paguen un salario de hambre. ¿Cómo voy a mirar a la cara a mi familia?"

Pero el hombre medieval entró en la Edad Moderna con o sin su consentimiento, tuvo que pasar un proceso de re-educación para el trabajo a salario, y sobrevivió. He ahí la clave: todos eran antes autónomos; *ergo*, todos pueden volver a serlo. Y lo que hace falta es volver a aprender y aprehender las herramientas para instrumentarlo. Fórmese, adquiera las habilidades, y venza el miedo por el camino del conocimiento.

No se preocupe si no se siente convencido de todo lo que aquí intento exponer. Tampoco se culpe si entiende la idea pero lo paraliza el miedo. Internalizar una idea, vencer nuestros miedos, decidirnos y actuar, son todos procesos internos, íntimos y emocionales. Se nos sacuden las tripas. Esos procesos no tienen nada que ver con "entender". Requieren tiempo de decantación. Son también intransferibles: nadie puede atravesarlos por usted.

Su miedo es a fracasar. A no ser un buen proveedor para su familia. A ser rechazado y a hacer el ridículo. ¿Me equivoco? Una vez más, le tengo buenas noticias. Utilice nuevamente los anteojos de los diversos colores. Elija estratégicamente cómo interpretar su mundo. Depende de usted ver sus tropiezos como fracasos o como aprendizaje por ensayo y error. Aquí me tiene a mí: todavía no he dejado de equivocarme, de hacer algunas cosas bien y otras mal. De ganarme el elogio y la admiración de los que me miran desde abajo, y el consejo de quienes me miran paternalistamente desde arriba. De todas esas vueltas he aprendido. Espero nunca dejar de hacer algunas cosas mal, y otras bien. Le deseo a usted lo mismo.

¿Quién fue el más grande batidor de *homeruns* de baseball de la historia? Babe Ruth. ¿Quién fue el que más le erró al bate en toda la historia del baseball? Adivinó: Babe Ruth. Probablemente nunca dejó de tenerle miedo al abucheo de la tribuna. Pero jamás dejó de intentar. Triunfó, no porque naciera siendo el mejor, sino por ser el que más bateó.

Déjese acompañar por estos pensamientos mientras revisa los periódicos en el café, marcando aún los avisos de empleo a los que seguirá enviando su currículum. Todo lo que le salga hacer está bien para usted.

Pero si mantiene una puerta entreabierta, le espera –y se lo deseo de todo corazón– un apasionante viaje de introspección, en el que el cambio puede germinar en usted a su propio ritmo. Si ve que le cuesta, si sabe que debe hacerlo pero tiene miedo, no se quede solo. Consulte, déjese ayudar. Pídale a un amigo, a su pareja, a un coach empático, a alguien a quien usted ve como un padre o madre. Dígale: "¿Podrías tomarme la mano mientras me lanzo por el tobogán? Sabes, es que me hago en los pantalones del miedo. Pero me tengo que lanzar". Le aseguro que sólo ganará respeto.

Ya estamos de acuerdo en que, mientras esté desempleado y no haya dado el paso hacia su autonomía, su vida depende de eso. No sólo la económica, sino también la existencial: ¿qué quiere usted ser y hacer en este mundo? ¿Qué legado quiere dejar? ¿Podrá hacerlo si continúa insistiendo en encontrar empleo o conservar este, que lo está matando? ¿Y acaso no vale mucho su vida?

Entonces, mientras se decide, aquí están estos próximos capítulos, que le ayudarán a dar sus primeros pasos, para saber cuáles son las preguntas que deberá hacerse, y cuáles son algunas de las técnicas para lanzarse por el tobogán. Y si le sirve, aquí está también mi mano.

CAPÍTULO III

"Eligiendo el camino": una sesión de coaching

Ser o no ser empleado

Si ha llegado usted hasta este capítulo, debo presuponer que estamos de acuerdo: su despido, o su decisión de dejar su empleo a esa edad que llamamos "la edad intermedia", puede ser *también* una buena noticia. El empleo como forma de trabajar no es lo único que existe, y es un modelo que comienza a desaparecer en la nueva economía basada en proyectos y resultados. Por lo tanto, ante el hecho de que le pueda ser difícil, por no decir imposible, encontrar otro empleo, debe usted armar una nueva estrategia para su vida, ya no basada en trabajar para otros.

Sin embargo, seguir como empleado, o hallar otro empleo, volviendo al mercado del salario, puede no ser un despropósito para usted, con dos condiciones:

1) Que sea temporario mientras termina de armar su negocio de autoempleado, de la mano de este capítulo y los venideros. En ese caso, no importa de qué trabaje. Puede ser como oficinista, vendedor de panchos (o como se llamen en su país los *hot dogs*), o limpiando casas. Aquí donde vivo, se puede ganar más con este último oficio que como empleado bancario...

Pero no pierda el foco, ni el tiempo. Piense estratégicamente en usted.

2) Aunque sea un empleo fijo, no se deje estar, no vuelva a entregar su futuro a manos de un único empleador. El empleo puede ser permanente, y puede incluso ser un cargo relacionado con su profesión u

ocupación anterior, o sea, puede estar en su zona de confort, y darle la sensación de que se ha salvado del tsunami en el último minuto, cuando se estaba por comer sus últimas reservas antes de ahogarse.

En ese caso la condición es que no se duerma en los laureles, que no vuelva a entregar su futuro a manos de un único empleador; en suma, la condición es que, aunque tenga trabajo, piense estratégicamente en usted.

Recuerde lo peligroso que es, hoy en día, estar empleado: ha puesto usted todos los huevos en la misma canasta... una vez más. De nuevo está usted a merced de la política de oficina, del peligro de quedar cesante, del bajo salario, de la sobrecarga de trabajo por los que fueron despedidos, del hartazgo y la depresión, del Principio de Incompetencia. Y nuevamente, si lo despiden se quedará sin nada.

Pensar estratégicamente de todos modos, significa lo que intento enseñarle en este libro: actúe, aun siendo empleado, con mentalidad de autónomo; no trabaje: dé servicios, tanto a sus jefes como a sus compañeros; haga *networking*, trabajo en red, recuerde que en cuanto ingrese al ruedo, entrará en la política de oficina, se convertirá en blanco móvil, y necesitará aliados; no obedezca a su jefe: satisfaga a su cliente; cree valor que haga conveniente para la empresa seguir contratándolo, una y otra vez. Fórmese. Si su empresa pasa como todas al esquema de trabajo por proyecto y por performance, so pena de quebrar, usted deberá estar a la altura, permanentemente actualizado.

Y si condicionan su salario a la producción de resultados, en una cuota creciente, vuelva a pensar si está en el lugar adecuado: ¿por qué habría usted de soportar ese régimen de terror? Si de todos modos tendrá que trabajar por resultados, ¿por qué no pensar en cómo hacerlo para usted mismo?

Por lo tanto, la segunda condición para aceptar un nuevo y peligroso empleo fijo es: no apurarse a renunciar, sino construir, igual que en el caso del empleo temporario, su Plan B. Es decir, su negocio paralelo y su Segundo Pilar. Puede ser en el mismo rubro o en otro. Puede ser la venta de un producto, una prestación de servicios o la creación de ingresos pasivos, por medio de diferentes vías inversión, como lo veremos aquí.

En ese caso, si tiene usted aún un empleo, tanto si es feliz en él como si está harto, pensando: "¿qué diablos sigo haciendo aquí?"; o si es uno de los pocos afortunados que ha sido despedido, vuelto a contratar, y con la tranquilidad del cheque a fin de mes (por lo menos este mes...), piense estratégicamente en usted.

Ya sea usted un joven en el comienzo de su carrera, eufórico por el brillante futuro que le espera como empleado en meteórico ascenso, o desahuciado porque a poco de haber finalizado sus estudios no consigue empleo, o si lo ha conseguido pero lo explotan, mientras sus amigos caen como moscas a su alrededor en las redes del despido masivo... piense estratégicamente en usted.

Y por supuesto, si acaba de ser despedido a los 45, a los 50, a los 55, y se ha topado con este libro en su desesperada búsqueda de una tabla de salvación, respire hondo, hágase un café, y acompáñeme, que está en buena compañía.

Comience a pensar estratégicamente en usted.

¿Qué es el coaching?

El coaching es una disciplina en ascenso, y no por casualidad: es también producto de la nueva economía de servicios y trabajo por proyectos y resultados. Viene del deporte, aunque allá por 1830 se usó el término por primera vez para designar a instructores de estudiantes de *college* hacia el éxito en los estudios.

Se trata de acompañar a una persona desde una situación A con la que no está conforme, a una situación B que sería para él la deseable.

No se trata de terapia psicológica. Cuídese de los coaches que lo psicoanalizan, a menos que alguno tenga título de psicólogo, y que combine concienzudamente ambas disciplinas en su método de trabajo. Un buen coach, al detectar cuadros psicológicos que no puede ni debe intentar tratar, sabrá derivarlo a un profesional competente.

El coaching, antes bien, busca bucear en sus capacidades, deseos y sueños, ayudarlo a usted a clarificarlos, y crear en base a ellos un programa de acción concreta de cara al futuro. Eso es todo. Ciertamente, se basa en disciplinas como la psicología, pero también en otras como la sociología, la filosofía, el deporte, la administración de empresas, el marketing y el mentoreo.

1 | Filosofía del coaching

Ya lo decía Platón: conócete a ti mismo. La máxima se podría ampliar de un modo paradójico: el secreto de la libertad reside en el conocimiento de nuestros límites. Este principio tiene dos implicancias: tomemos por caso a Esteban, de unos 50 años de edad, músico de profesión, no dado para la ciencia y con un estado físico que no es de lo mejor, por decirlo delicadamente. Pero sueña con ser astronauta y está dispuesto a hacer todo por conseguirlo. No conocer sus propios límites implicará para Esteban un desperdicio de recursos, en especial tiempo y dinero.

Ahora, tomemos un ejemplo inverso: Nora es una mujer que trabaja como contable, pero sueña con ser escritora, a tal punto, que tiene una excelente novela ya terminada, durmiendo en el cajón. Tiembla de miedo con el solo pensamiento de mostrárselo a alguien. Cree que su escritura es muy buena, pero la sola posibilidad de que le digan que no, la aterra, así que prefiere mantener la posibilidad latente, que enfrentar la realidad, por más positiva que pudiera ser.

Tomemos el tercer ejemplo: Érez Shmueli es un israelí de 44 años, tiene cinco hijos y es carnicero. Mientras corta las achuras en su puesto en el mercado canta, para placer de sus clientes, que permanentemente lo animan a "hacer algo con esa voz". Un día se anima a apostar por su viejo sueño y se presenta en el programa de televisión "Nace una estrella", equivalente israelí de "Operación triunfo" o "American Idol", el *reality* de cantantes.

Érez sorprende a los jueces: de verdad canta bien y, además, transmite bondad y dulzura. Siendo carnicero, y a su edad, resulta ser una "buena historia", lo suficiente para presentarla en el programa, entre decenas de miles que lo intentaron. No llega lejos en la competencia televisiva en sí, pero adquiere una fama que le permite dos cosas: multiplicar su clientela en la carnicería... y grabar su primer disco.

Si Esteban, el audaz aspirante a astronauta, conociera sus límites, tendría la libertad para cumplir un sueño a su medida. Si Nora se animara a explorar y explorarse, podría arrimarse a esos límites suyos, que en realidad tampoco conoce. Prefiere la comodidad de su empleo sin sobresaltos, a la aventura de vivir que late prisionera en su interior.

Los límites de Esteban son más estrechos de lo que piensa. Los de Nora son más amplios de lo que cree. Ambos son esclavos de fantasías o fantasmas, y pierden la oportunidad de vivir una vida de realización.

Érez, en cambio, se ha animado, sencillamente, a medir el valor de su talento en el mercado, y los límites de su realización. No fue una cuestión de suerte: él tomó la vida en sus manos, salió ahí afuera y le preguntó al mundo cuáles eran sus límites. El mundo le respondió: "Tu área de *libertad total*, según los talentos que ya tienes, no es enorme ni pequeña, pero es tuya. Puedes venir y ocuparla toda si así lo deseas". A partir de ahí, Érez podrá seguir creciendo, ampliando los límites iniciales. De los tres ejemplos, el de Érez es el único tomado de la vida real.

¿A cuál de los tres personajes quiere parecerse?

2 | Vías estratégicas: ¿a qué se va a dedicar?

Susana es maestra jardinera de profesión. Cuando el jardín privado en el que trabajaba cerró sus puertas, abrió un innovador centro de actividades para párvulos y sus madres durante las tardes.

Gastón estudió cine, pero encontró empleo como bancario. Diecinueve años después ofrecieron en el banco un plan de retiro voluntario. Se acogió a él sin dudarlo, porque estaba harto. Mientras recibía la paga del plan, decidió volver a su primer amor, la filmación. Hoy trabaja con un viejo compañero de estudios en la producción de videos para instituciones y empresas. Filma también eventos familiares, y de a poco se va animando a fijar un precio por esos trabajos extra. En lo que queda de tiempo, Gastón y su socio crean su primer cortometraje argumental. Eso lo tiene en las nubes, y sólo lamenta haber desperdiciado tanto tiempo en el banco.

Ejemplo real: mi padre trabajó en la empresa IBM-Argentina por cerca de 40 años, llegando a un alto puesto ejecutivo. Cuando la política de oficina lo terminó de vencer, aceptó también un plan de retiro. Probó asociarse con un amigo en su fábrica de triciclos. Luego con otro en una inmobiliaria. Al final de este proceso de aprendizaje por ensayo y error, se decidió por la autonomía sin socios, distribuyendo tornillos y tuercas para talleres mecánicos de Buenos Aires. Su clientela no paró de crecer.

El primer paso, pues, es decidir a qué dedicarse. Tan sencillo y tan difícil como eso. Vuelva al cuento del portero del prostíbulo que, al ser despedido, recordó su amor por la carpintería. Haga una lista de aquellas habilidades que posee, las que le apasionan menos y las que le apasionan más. Déjela descansar, tómela un par de días después y amplíela. Revuelva en su mente e incluya todo. Puede ser un ejercicio apasionante, un verdadero encuentro introspectivo con usted mismo, con lo que es, con lo que sabe y con lo que vale. Se sorprenderá al tomar conciencia de la cantidad de cosas que sabe hacer. ¡No se limite!

He aquí una lista posible, digamos, la de Romualdo, que finalizó su carrera como gerente de división en una empresa de máquinas impresoras:

Lista de habilidades

- Sé llevar las cuentas de una casa, una empresa o una organización.
- Jugar al fútbol.
- Ser árbitro de fútbol.
- Entrenar un equipo de fútbol.
- Sé todo acerca de máquinas impresoras.
- Arreglar los conflictos entre mis hijos y entre mis empleados.
- Capacidad de escucha.
- Hablar en la fiesta de fin de año de la oficina.
- Redactar las cartas de pedido de aumento en representación de los muchachos.
- Preparar canapés (los de la comunión de la nena me salieron espectaculares).
- Cocinar huevos fritos, freír milanesas, y hacer asado, ensalada incluida.
- Organizar fiestas de la escuela con otros padres, viajes de trabajo, eventos en la oficina.
- Dirigir reuniones, moderando con firmeza y escuchando a todos por igual.
- Levantar el ánimo a la gente.
- Jugar al póker.
- Andar en bicicleta.
- Cantar en la ducha.

La lista podría seguir. A lo largo de nuestras vidas vamos acumulando habilidades nos demos cuenta o no, y muchas de ellas pueden darnos una dirección resultante acerca de lo que nos apasiona, y en lo que podríamos brindar un servicio de excelencia a la sociedad. ¿Cuál sería una "vía estratégica" en la que Romualdo podría dirigirse?

En una sesión de coaching cara a cara, le propondríamos, como lo hago ahora con usted, que delinee él mismo sus propias opciones. En nuestro cuaderno anotaríamos, sólo por si necesita pistas, las siguientes:

- Dar asesoramiento a empresas de servicios sobre la optimización de impresiones, cómo racionalizar la cantidad de boletas y formularios de pago a ser enviadas al público, tipo de máquinas, generando un ahorro millonario en papel y en tinta.
- Ser mediador de conflictos legales entre parejas, particulares o empresas.
- Coaching para particulares o pequeñas y medianas empresas.
- Ser asesor en gestión de equipos de trabajo y liderazgo.
- Abrir una escuelita de fútbol.
- Organización de eventos, desde fiestas privadas hasta mega-eventos para empresas.

La elección depende de Romualdo: si va a aprovechar el bagaje que acumuló en sus años de empleado, para convertirse en asesor de múltiples clientes en esa misma materia, o si va a profesionalizarse en otra área que quizás le apasione más, para lo cual tiene un talento natural que deberá seguir desarrollando.

Anímese ahora a hacer su lista de habilidades. Tómese su tiempo.

Plantéese luego, solo o con ayuda de un amigo o de un coach, cuáles serían sus posibles "vías estratégicas".

Contéstese luego, con sinceridad, a las siguientes preguntas:

- ¿Cuál de ellas le atrae más? ¿Cuál le hace decir: "¡Sí! ¡Eso quiero! ¡Ya!"?
- ¿En cuál de ellas le parece que es usted mejor?
- ¿En cuál de ellas le parece que puede desarrollarse mejor profesional y económicamente?
- ¿En cuál se ve a sí mismo como más realizado, más lleno, más entero?

Visualícese cada día dedicado a ello: ¿En cuál de estas vías estratégicas es usted feliz?

3 | Visión

Ya ve, pues: el cambio de paradigma en el mundo laboral, y el actual desempleo que padece, implican para usted un proceso mucho más profundo que la simple cuestión de cómo hacer entrar dinero en el banco el 1° del próximo mes. Pues si su respuesta a ese interrogante es "haré lo que sea", entonces no necesita este libro. Créame: si esa es su respuesta, no logrará el éxito, sino tan sólo una patética supervivencia, llena de deterioro y frustración. Yo no le deseo que "sobreviva" a su crisis: le deseo el éxito en su vida.

Si quiere triunfar en su nueva etapa, lo primero que deberá usted clarificar en su proceso de cambio es su visión. No sólo qué quiere hacer, sino adónde quiere llegar.

El Coaching Basado en Resultados define la visión de la siguiente manera: "Estado de máxima realización o éxito al que deseo llegar y que de alcanzarlo, visto al día de hoy, es el estado en el que querré quedarme para siempre".

El saber lo que quiere pareciera ser marginal, y estar poco relacionado con su realidad, con sus problemas financieros y con este libro. Sin embargo, es lo más importante, pues es lo que definirá el color de los anteojos con los que verá su futuro, y las acciones que tomará en consecuencia.

Si no tiene una visión clara de la dirección en la que quiere dirigirse, usted llegará de todos modos. La pregunta es adónde…

Es lógico. Si no tiene una visión propia, lo mismo da si es empleado o empresario, famoso o anónimo, adinerado o pobre. Sencillamente, su deseo no está en acción. Una de las condiciones para que una visión sea efectiva, es que usted desee fervientemente su concreción. Que al pensar en ese estado de bienestar ideal, usted no vea la hora de haber llegado allí. Si no media el deseo, la acción no se pone en marcha.

Pues la visión no es un sueño romántico. Es la herramienta que, como un faro, determinará la naturaleza de sus actos en el presente. La visión motiva y da dirección a la vez.

Piense en el siguiente ejemplo. En dos oficinas, A y B, se quiere organizar una fiesta de fin de año. En la oficina A, el equipo de empleados revisa primero cuánto dinero hay en la caja de actividades extralaborales y, en base a ello, piensan qué pueden hacer, aprovechando al máximo, con eficiencia, los recursos disponibles. Por lo tanto deciden que la fiesta de fin de año será un brindis en la sala de reuniones, con bebidas gaseosas, café y algunos saladitos. Hablará Damián el gerente, la secretaria Viviana leerá una poesía humorística, y los graciosos de siempre, Charly y Román, harán su número de stand up, aunque los chistes ya los conozcan todos. Saldrá muy bien.

En la filosofía del coaching esto se llama "pensamiento de procesos", que contesta a la pregunta de la *eficiencia*: "¿cómo hacer bien las cosas?" La herramienta con que cuenta son los recursos y la experiencia.

En la oficina B actúan a la inversa: piensan primero en qué quieren hacer, qué tipo de fiesta, en qué salón y para cuánta gente, con qué atracciones, con qué tipo de comida, de música, de números artísticos. Sólo al final, en base a lo deseado, en base a la *visión*, analizarán el factor recursos: verán cuánto dinero hay en la caja, *cuánto falta y cómo conseguirlo*: colectas, rifas, incluso préstamos, todo vale. Muy al final, en la etapa de ejecución, se podrá ajustar la dimensión de la fiesta si los "límites" nos lo imponen. Pero el centro del pensamiento estará puesto en lo que se quiere lograr, y determinar en base a esa imagen el plan de acción.

En la filosofía del coaching llamamos a esto "pensamiento de resultados", que contesta a la pregunta de la *eficacia*: "¿cuáles son las cosas a ser hechas, de modo tal que, si las hago, llegaré más rápido al resultado deseado?" La herramienta con la que cuenta es la visión, el resultado futuro.

Sólo una vez decididas esas acciones a emprender, habrá también preocupación por la eficiencia, en que cada empleado lleve a cabo bien la tarea que le ha tocado para que la fiesta sea lo máximo. La eficiencia no desaparece, sino que ambos tipos de pensamiento, el de resultados y el de procesos, se complementan.

¿En la fiesta de cuál de los dos equipos de trabajo quiere usted estar? ¿Qué tipo de vida quiere usted llevar? ¿Una en la que se ajusta todo el tiempo a lo que hay, pensando que no hay más, temiendo todo el tiempo

a los riesgos, creyendo lo que le han dicho otros acerca de las posibilidades de concretar logros en su vida, u otra, donde se atreva, como cuando era chico, a soñar y realizar?

Lo invito a diseñar su visión en base a cuatro componentes:

- Lo laboral: a qué se quiere dedicar, y cuán alto quiere llegar, tanto en lo económico como en el reconocimiento social y su autorrealización. ¡Apunte a la cima!
- Lo familiar: qué quiere usted que pase en su familia, a nivel relacional y material.
- Lo social: cómo ve usted la relación con amigos.
- Los extras: todo lo que no entra en los tres anteriores, por ejemplo sus hobbies, las áreas de interés intelectual o espiritual, etc.

Redacte su visión en términos de un estado de cosas. Complete la frase: "Quiero llegar a una situación en la cual..."

Ejemplo:

Lo laboral: "Quiero llegar a una situación en la cual soy el mejor diseñador de juguetes para bebés del país, contratado para proyectos por las más prestigiosas marcas del estado. Mis juguetes son todos un éxito resonante e inmediato, las empresas entablan guerras por mi exclusividad, y el precio de cada proyecto va ascendiendo hasta valer millones de dólares la pieza".

Lo familiar: "Mi familia es armónica, reina en ella el diálogo, la paciencia, el entendimiento y la risa. Vivimos en la casa de nuestros sueños, un chalet de dos pisos con jardín, piscina, y vista al mar. Todos tenemos tiempo para dedicarnos mutuamente, salimos a muchos lugares, viajamos al extranjero dos veces por año y nos divertimos mucho juntos. Veo progresar a mis hijos, les doy un apoyo emocional ilimitado, y apoyo material en una medida que les permita crecer, sin malcriarlos".

Lo social: "Mi casa tiene las puertas abiertas de par en par. Nuestros amigos entran y salen permanentemente. Tengo a mis pocos y buenos íntimos, con los que nos apartamos en el amplio jardín de casa, o en algún pub de la zona, a contarnos nuestras confidencias, como en nuestra juventud. Salimos con parejas amigas, en especial al teatro y a restaurantes, o viajamos juntos a cruceros. En las malas, somos los primeros en ayudarnos los unos a los otros. Básicamente, no paramos de reírnos".

Los extras: "Practico tenis de modo regular, lo cual me mantiene saludable y contento. Vamos con mi esposa al coro de nuestra ciudad, y actuamos en diferentes lugares, lo cual potencia nuestra relación de pareja. Estudiamos diversos cursos, juntos o separados. Comparto hobbies con mis hijos: tenis con el mayor, ajedrez con el del medio, y bicleta los domingos a la mañana con la menor".

Inténtelo usted ahora. No sólo en su cabeza: escríbalo. Hágame caso, el resultado será diferente, mejor, más enfocado.

Una vez que lo tenga, léalo. ¿Cuántos elementos de su visión pueden ser alcanzados ya en el corto plazo? Póngalo en un lugar visible, junto a su cama o con imanes en la heladera. Empiece a trabajar hoy mismo en alcanzar su visión.

4 | Objetivo

Es la traducción operativa de la visión. Responde a la pregunta: "¿Qué resultado tendría que alcanzar, tal que, de lograrlo, habré concretado mi visión o me habré acercado a ella lo más posible?" Hablamos de resultados más medibles, aunque sea en términos de máximo performance y no de números exactos.

En el ejemplo anterior, y yendo a lo laboral, que es el área de la que se ocupa este libro, sería algo así como: "El máximo número de diseños de juguetes vendidos en todo el país."

El objetivo se desprende de la visión. Si la visión de nuestro juguetero hubiera sido: "Ser el mejor diseñador de juguetes exclusivos del mundo", estaríamos ante dos diferencias: ya no se trata de juguetes de consumo masivo, sino para la clase alta; y ya no se trata del país, sino del mundo. Entonces, el objetivo también cambia:

"Máximo número de diseños de juguetes para las clases altas vendidos en todo el mercado mundial".

5 | Metas y metas intermedias

Si la visión y el objetivo son **resultados estratégicos**, las metas son los **resultados tácticos**. La meta es un resultado que responde a la pregunta: ¿Cuál es la meta a alcanzar que, de lograrla, me acercará más rápidamente al "Resultado X"?

El "Resultado X" puede ser el objetivo, u otra meta, para la cual la meta en cuestión constituye una meta intermedia.

De hecho, vivimos solamente alcanzando metas, pues son las que componen resultados más grandes, y las que vivimos en nuestro quehacer cotidiano: cerrar un trato, hacer una compra, viajar a destino.

Cada resultado puede ser descompuesto en metas, que al ser logradas se convierten en recursos para conseguir las siguientes. Incluso cuando logramos el gran objetivo, éste ya se ha convertido en un cúmulo de recursos, que nos permitirán estar en nuestra "zona de la visión", si estamos conformes en ella, o emprender el camino a una nueva visión si la que alcanzamos nos resulta ahora "poco".

Así como el objetivo emana de la visión, las metas emanan del objetivo. Pero ellas se pueden descomponer, a su vez, en metas intermedias.

Tomemos la meta: "Cerrar un trato".

Para ello deberé cumplir con determinadas metas intermedias:
- **Estar preparado para la negociación.**
- Lucir de modo impresionante para la otra parte.
- Llegar a tiempo a la reunión.
- Expresar mis argumentos de modo convincente, seguro y conquistador.
- Obtener el sí del cliente, etc.

Con el fin de **"Estar preparado para la negociación"**, a su vez, deberé alcanzar metas sub-intermedias:
- Conocer a fondo la técnica de la negociación.
- Enterarme del estilo negociador de mi contraparte.
- Conocer a fondo mi realidad, mis productos, mis precios, mis argumentos de venta, prever resistencias de la contraparte.
- Tener definidas mis líneas rojas.
- Enterarme de las necesidades de mi contraparte.

- Enterarme de las líneas rojas de mi contraparte.
- Enterarme de las limitaciones de tiempo de mi contraparte.
- Hablar con todos aquellos que me puedan ayudar en estas tareas.

Podríamos seguir así hasta el infinito. Para "Obtener información sobre mi contraparte", tendré que conseguir fuentes de información, acceder a ellas, revisar la información, evaluarla, lo cual me permitirá a su vez ajustar mis propias líneas rojas, etc.

Haga el ejercicio: elija alguna meta que le parezca divertida, y descompóngala en sus metas intermedias.

¿Cuáles serán las metas intermedias para alcanzar la meta: "Lucir de modo que impresione a la contraparte"? No dude en incluir la ducha y un buen café en el desayuno.

¿Y cuáles serán las metas intermedias de "Tomar un buen café"?

Por último digamos que "meta central" es una meta importante que, sin acercarnos aún a nuestra visión, nos coloca significativamente en camino. En el caso que nos ocupa, su cambio de carrera, podría ser, por ejemplo, la inauguración de su nuevo negocio u ocupación.

Última observación antes de ponernos manos a la obra: el hecho de poder descomponer nuestras metas en metas intermedias, lejos de asustarnos ("Uy, ¿tantas cosas hay que hacer? Es demasiado lío..."), debería aliviarnos: aun los grandes logros están hechos de pequeñas acciones, la mayoría de ellas, en general, simples de realizar. O como dicen que dijo Mao antes de emprender una marcha de 12.500 km con su ejército: "Aun la marcha más larga comienza con el primer paso". El problema es inverso, una meta nos parece demasiado alejada, justamente porque *no* nos hacemos esa simple pregunta: "¿Qué acciones debo realizar para lograrla?" Y además recuerde: parte de las metas intermedias son siempre pedir ayuda. Potencie su "Departamento de Recursos Humanos", y no estará solo.

6 | Listo, preparado, ¡ya!

Una vez que ha decidido su vía estratégica, es decir que sabe qué es lo que hará, ya tiene las herramientas para trazar su plan, para traducir a acciones concretas su gran decisión.

Pues la pregunta que nos atormenta siempre es: "Muy bien, pero ¿qué hago primero?"

Lo fascinante de este método de toma de decisiones es que podemos descomponer cualquier resultado o meta a alcanzar en resultados o tareas menores a realizar. Ello cumple con dos objetivos: uno, organizarnos operativamente; dos, como ya vimos, calmar los nervios. Y créame que sé de qué le hablo.

Es por eso que debe construir un plan estratégico, parecido a un "mapa de resultados", compuesto por:

- Visión.
- Objetivo.
- Meta central.
- Metas intermedias.

Indudablemente, lo que hacemos primero es un plan para alcanzar nuestra meta central. Nuevamente plantéese la pregunta: ¿Cuáles son las metas intermedias que debo alcanzar, que de cumplirlas, me acercaré lo antes posible a mi meta central?

Recuerde que cada meta intermedia, al ser alcanzada, se convierte en recurso para alcanzar las siguientes.

Ensayemos con un ejemplo imaginario: Ana, 53 años, ha sido secretaria ejecutiva toda su vida, hasta la renuncia de su jefe, que arrastró su pase a retiro anticipado. Siempre tuvo en carpeta cocinar de modo profesional. "Para cuando me jubile", se decía. Es un talento probado en comida italiana, aclamada por parientes y compañeros de trabajo. Decide que ha llegado el momento.

- **Visión:** Ser la más exitosa rotisera de comida italiana a domicilio de toda la zona norte de la ciudad.
- **Objetivo:** Máxima cantidad de clientes regulares, con máxima ganancia.
- **Meta central:** Lanzamiento mediático del negocio.
- **Metas intermedias:**
  - o Elección de un nombre.
  - o Armado del menú.
  - o Construcción de la estrategia de marketing.
  - o Fijación de precios.

- o   Gráfica.
- o   Reclutamiento de un/a ayudante de cocina.
- o   Organización de evento de lanzamiento.

Recuerde utilizar el método: descomponga cada meta en metas más pequeñas. Puede resultarle fácil la tarea de elegir el nombre. Como máximo, una meta intermedia será quedar en encontrarse con dos de sus amigas en un café para hacer juntas un torbellino de ideas, o llamar a su yerno, que es brillante y súper creativo con esas cosas. Si se trata de un gran negocio, para el que Ana está dispuesta a invertir su mejor capital, probablemente la vía correcta sea contratar un creativo especializado en nombres (un *copywriter*) para emprendimientos.

¿Qué significa, en cambio, "construcción de una estrategia de marketing"? Ciertamente dedicaremos todo un capítulo al tema, pero para el ejemplo, digamos que descomponer esta meta en metas inter-medias sería algo así como:

- o   Determinar el público: clase alta, media, baja, o todas.
- o   Fijar los precios.
- o   Diseñar política de ofertas y descuentos.
- o   Decidir el tipo de publicidad: avisos en la revista y/o en la radio barriales, volantes en los buzones, etc.
- o   Contratar un diseñador web para construir la página del negocio.

- -   Organizar el evento de lanzamiento, incluiría:
  - o   Diseñar el evento: decidir si será una fiesta en salón, o en el lugar donde se cocinará. Decidir si habrá brindis, charla con amigos, o también un cantante en italiano, conjunto de danzas italianas, etc.
  - o   Comida que se servirá y modo de presentarla: con un cartelito al lado de cada plato, o presentación oral con micrófono, música de fondo, luces, y cámaras filmando.
  - o   Relaciones públicas para el evento: contratar a un profesional (o pedir a un amigo con contactos) que convoque a los medios barriales al evento: radio, revistas, incluso televisión zonal si existe.
  - o   Fijar fecha y hora.
  - o   Armar lista de invitados.

o   Diseñar y enviar invitaciones.

o   Llamar por teléfono a los invitados.

o   Cocinar (¡pequeño detalle!).

Así sucesivamente. Sería redundante decir que cada una de estas metas o acciones puede a su vez descomponerse en sus metas intermedias.

A estos ejercicios mentales que hemos realizado, les falta la dimensión del tiempo: ¿En qué orden realizamos estas acciones? ¿Qué plazo tiene cada acción? En mi plan por escrito debe haber una columna para la acción y otra columna para el plazo.

Para organizar las metas a ejecutar se deben tener en cuenta por lo menos tres criterios:

- **Orden de prioridad:** Clasificar las acciones por orden de importancia, por un lado, y urgencia por otro.

- **Concatenación consecutiva:** cuando sin una determinada meta, no puedo continuar con la otra.

- **Duración de la acción:** si una meta tiene un plazo de tres meses, por ejemplo, la elaboración de una página web, debo elaborar sus textos y encargarla lo antes posible para, simultáneamente, continuar con otras acciones de ejecución menos extensa.

  Muchas veces no se tiene en cuenta esta dimensión, y se llega al vencimiento del plazo (por ejemplo, al día del evento) con algunas cosas listas hace tiempo, y con otras a medio empezar. Quienes saben cocinar están muy entrenados en este campo. Pregúnteles a ellos y a ellas cómo organizan la cocción para que todos los platos lleguen listos y a punto al mismo tiempo, a la hora de cenar. [2]

Es muy importante que nuestro plan de trabajo para la ejecución de nuestras metas, objetivo y visión tenga bien estipulados sus plazos. De otro modo podemos estirar el cumplimiento de nuestros sueños por

---

[2] En el área conocida como Administración del Tiempo, esto es lo que se conoce como "Método del camino crítico", que marca el plazo mínimo para un proyecto a partir de la identificación de tareas críticas, que son aquellas que de retrasarse, retrasan todo el proyecto, frente a las demás, que no importa si se retrasan. El método focaliza la atención en las tareas críticas, tanto para evitar que se retrasen como para evaluar si conviene aplicar recursos en adelantarlas, adelantando así todo el proyecto. Para profundizar en este tema, si le es relevante, recomiendo evaluar herramientas como MS Project, el gráfico Pert y el gráfico Gantt.

años sin resultados concretos, para acabar abandonándolos del todo por cansancio, descepción y desidia.

Muy bien. Hemos trabajado mucho, hasta aquí, para saber qué queremos, qué soñamos, y cómo nos organizarnos para llevar nuestra visión adelante. Lo que todavía no hemos hecho es lo que hacían los antiguos generales una vez que tenían listo su ejército, antes de avanzar: otear el horizonte, saber para qué lado sopla el viento, estudiar el terreno sobre el que sus caballos habrán de pisar, estudiar a su oponente. Hemos mirado hacia adentro. Ahora debemos mirar hacia afuera. Allá vamos.

CAPÍTULO IV

"Dar o no dar el salto, esa es la cuestión": capítulo paréntesis sobre viabilidad comercial

En este libro me dedico a usted, porque lo más difícil es, como se dice en la jerga de high-tech, "cambiar el chip": pensar y pensarnos de otra manera, en toda nuestra potencialidad. Sin embargo, no podemos olvidar que existen otros factores ahí afuera para que usted tenga éxito: el hecho de que quiera ser, digamos, fósforo-modelista (una pasión que me atrapó por un año entero en mi niñez), o que sea un gran imitador de Elvis Presley, ¿ya le permite renunciar a su desgastante empleo como director de turno en la farmacia?

Mi hijo de once años busca cómo ganar dinero para sus golosinas. Se le ocurrió hacer panqueques, luego de aprender a hacerlos viendo a su madre. Todo es cuestión, dijo, de poner una mesita en la plaza y ofrecerlos a 50 centavos por panqueque con dulce de leche o maypel, y servirlo con un vasito de jugo por otros 50. Todavía no lo plasmó, entre otras cosas porque, más que un negocio para él, esto es puro trabajo para sus padres. Pero no deja de ser una idea de iniciativa privada, y yo lo estimulo a que siga pensando. Quizás todavía decida arremangarme y ayudarlo el próximo verano con su "*start-up*" culinario. La pregunta es: si hace usted lo mismo, ¿podrá cumplir su visión de éxito y mantenerse mínimamente vendiendo panqueques en un parque a 50 centavos la unidad? Si lo ve así, le dejo la idea como regalo.

Una habitante de mi ciudad ve como posibilidad de cambio de carrera, el poner un negocio de pasteles para cumpleaños y otros eventos. La viabilidad comercial parece clara: se trata de una ciudad nueva, con decenas de miles de matrimonios jóvenes con niños, un verdadero paraíso para payasos, magos y demás animadores de cumpleaños.

Pero por suerte, ella se hace preguntas que son relevantes: ¿cuántos pasteles deberé hornear a la semana, y a qué precio deberé venderlos, para llegar a los ingresos que tenía antes de renunciar? Si son tantas que debo alquilar un lugar, comprar un horno especial y contratar un ayudante, ¿el aumento de costos permite aún que el negocio sea viable? Y más: ¿cómo sé que todas esas madres jóvenes y trabajadoras que conforman mi mercado potencial, querrán comprar la torta hecha, en lugar de hacerla por sí mismas a pesar del poco tiempo que tienen? Si descubro que compran, ¿cuánto tiempo deberé trabajar a pérdida, hasta llegar a un punto de equilibrio y después comenzar a ganar? ¿Cuántas reservas de dinero tengo, y por cuánto tiempo, para esta "apuesta"?

Todas estas preguntas se resumen en una sola: ¿cuáles son mis probabilidades de éxito? Para responderla, deberá usted hacer un plan de negocios. Puede ser profesional o general. Lo importante es que le dé una idea lo más aproximada posible de la viabilidad de su negocio y de las metas a alcanzar para plasmar dicha viabilidad. El plan de negocios le servirá como hoja de ruta, y también será el instrumento para mostrar a potenciales inversionistas, si cabe. Si este último es el caso, como ya lo venimos repitiendo, acuda a un profesional que se lo confeccione.

Debe saber de antemano que el plan de negocios tiene un objetivo que nunca será alcanzado en un ciento por ciento: reducir el factor incertidumbre. Pues a pesar de hacer el mejor estudio y establecer las metas más razonables, nada le garantiza que el público, que posee el dinero que usted desea que le dén, actuará según sus deseos.

Así que la preparación, aunque nunca es suficiente, es imprescindible. Le ahorrará tiempo, dinero y mucha angustia. Se lo digo por experiencia. Sin ser esto un tratado de marketing, veamos brevemente cuáles serán los aspectos a tener en cuenta a la hora de decidirse a lanzar su negocio.

1 | Defina su negocio

Antes se solía definir un negocio de acuerdo con el producto a vender. Si la vecina de mi ciudad quiere vender pasteles de cumpleaños, definiría su negocio como: "Negocio de pasteles de cumpleaños". Pero, ¿qué pasaría si definiera su negocio por los beneficios que reporta su producto? A saber: "Negocio de ahorrar tiempo y dolores de cabeza a los padres trabajadores a la hora de planificar el cumpleaños de sus hijos". No se preocupe, ya sé que suena mal, pero no estamos redactando el slogan de su negocio, sólo definiéndolo.

Definir su negocio en base a los beneficios y no en base a productos, le permitiría ampliar la gama de éstos. ¿Por qué, en lugar de vender sólo pasteles, no vender también los demás componentes culinarios de una fiesta de cumpleaños? Si se trata de ahorrar tiempo de planificación, ¿por qué no contactarse con animadores de diverso tipo, lugares y salas, y armar un catálogo? Por cada contratación, con sólo algunos telefonemas, podrá ganar comisión. O bien, ¿por qué no conseguir un lugar, propio o alquilado, y ofrecer a los padres, que sufren de antemano por el caos que reinará en su casa luego de la fiesta, ahorrarles ese sufrimiento?

Otros ejemplos:

Un amigo, médico ortopedista, define su negocio como "evitar el dolor de sus pacientes". En lugar de ocuparse sólo de prótesis o de plantillas para el pie plano, se ha especializado también en la cura definitiva de la uña encarnada, asunto doloroso si los hay.

Si usted es pintor de casas, en lugar de vender un "Servicio de pintura de paredes", puede definir su negocio como: "Embellecimiento de paredes". Sus productos, entonces, no tendrán que limitarse a la pintura lisa, sino que podrán incluir –también- diversos tipos de empapelados, e incluso podrá asociarse con un/a artista para pintura figurativa de paredes, en especial en los cuartos de los niños.

¿Cómo define usted su negocio?

¿Cuál es el producto, o línea de productos, que darán ese servicio al cliente?

2 | Defina el Modelo de Negocio

Este suele ser el Talón de Aquiles de muchos negocios. El Modelo de Negocio responde a la pregunta simple: ¿cómo genera ingresos este negocio?

Como ejemplo, valga una historia personal. Hace unos años me asocié con una periodista, gran colega y gran amiga, para un negocio que parecía seguro: un website multimedia de noticias sobre Israel y Medio Oriente dirigido a todo el mundo de habla hispana. Parecía seguro porque no había nada parecido ni mejor en el mercado en ese momento, de modo que decidimos no basarnos en fondos de ONGs relacionadas con el tema, lo cual nos garantizaría total independencia periodística.

El Modelo de Negocio fue definido de a poco. Antes de lanzarnos, el dilema fue: ¿cobrar a los lectores un abono por ingresar al contenido del sitio web? Nos respondimos que no, porque el público latino es poco afecto a pagar por servicios vistos como suntuarios, y que quizás pueden obtener gratis por otras vías. ¿Dar una parte del contenido gratis y otra parte paga? Terminamos descartando esto también, temerosos una vez más del carácter latino. Decidimos que el Modelo sería: contenido gratuito, creación de un gran tráfico de navegantes a nuestro sitio web, y venta de publicidad. Dicho en términos fríos: nuestro producto a vender ya no sería el contenido del sitio, sino el caudal de público, el cual ofreceríamos a anunciantes, que serían nuestros clientes finales. En definitiva, así es como funcionan los grandes medios de comunicación, como la radio o la televisión por aire, y la mayor parte de los sitios web de contenidos.

Comenzamos. Con un préstamo que logramos, contratamos a una persona que se dedicaría al marketing y la venta de publicidad. Pero, de acuerdo con nuestro Modelo de Negocios, primero había que crear el producto: el caudal de público. La persona encargada pudo dedicarse sólo a acciones de marketing tendientes a aumentar el flujo de navegantes al sitio. El dinero se acabó antes que pudiéramos alcanzar una masa crítica razonable de lectores, así que dejamos partir a nuestra primera y última empleada.

Yo mismo, entonces, salí a vender publicidades, y al principio vendí muy bien, pero no en cantidad ni a una velocidad suficiente, porque la producción de los contenidos consumía todo mi tiempo. El público lector, aunque muy numeroso, estaba disperso por todo el globo terráqueo, de modo que los anunciantes nunca tuvieron resultados con sus banners, y nos abandonaron.

Fue cuando decidimos cambiar el Modelo de Negocio. Además de publicidades, venderíamos servicios: filmamos videos institucionales, dimos conferencias y realizamos traducciones. El sitio y sus contenidos, en lugar de ser el centro del negocio, pasarían a ser su vidriera. Pero las conferencias y videos no alcanzaban en cantidad, porque el grueso del tiempo, una vez más, era dedicado a producir las noticias y artículos del sitio web. Tampoco teníamos tiempo para vender más. De hecho, los pedidos provenían de clientes que ambos habíamos adquirido en nuestros trabajos anteriores a este negocio.

El Modelo de Negocio se había deformado, pues nuestra "vidriera" nos tomaba todo el día. Era como si usted abriera un negocio de ropa en un centro comercial, y en lugar de dedicarse al producto, a las ventas y al trato con los clientes, se dedicara todo el día a renovar la vidriera, sin tiempo para atender el negocio en sí.

A decir verdad, no habíamos estudiado bien el mercado, y el Modelo de Negocio no era el apropiado. Con la tristeza en nuestras almas, con una deuda -más dolorosa que abultada- y con un capital de lecciones aprendidas que hoy comparto con usted, decidimos bajar la persiana.

Defina su Modelo de Negocio. ¿Quién es el cliente real, el que compra su producto? Si vende helados en la playa, ¿sus clientes son los niños o sus padres? Hace una generación o dos eran sus padres. Hoy en día son ambos, aunque eso sería tema para otro libro…

Si usted es un conferenciante, ¿sus clientes son quienes lo escuchan, o la organización que lo contrata y le paga al final? Parece que fuera el público, pues si éste aprende y se ríe con sus bromas, su conferencia ha sido un éxito y volverán a contratarlo. Pero no pierda de vista que su cliente, en realidad, es la organización que le extiende el cheque. Mejor dicho, la persona dentro de la organización que decide contratarlo. De nada valen los aplausos de su audiencia si usted no logra generar química con el coordinador de la conferencia.

Su Modelo de Negocio, en ese caso, se basa en "un servicio de capacitaciones y conferencias para grandes organizaciones", y no en "capacitaciones y conferencias para personas de clase media". En el primer caso, paga la organización. En el segundo, pagan los participantes. Son dos Modelos de Negocio bien diferentes, que determinarán tipos de marketing y de logística específicos.

3 | Defina el mercado

En el mundo de las ventas se cuenta la siguiente parábola: una gran empresa de calzados envía a un veterano vendedor a una aldea africana, para evaluar la posibilidad de ampliar sus operaciones allí. El vendedor envió un telegrama de decepción: "Malas noticias: nadie usa zapatos aquí". Una empresa competidora envió también a su vendedor estrella, y éste envió un telegrama de tono *levemente* distinto: "Buenas noticias: nadie usa zapatos aquí".

La intuición puede estar muy bien para este cuentito, que busca inculcar el optimismo en las ventas, más que para revelar una verdad acerca del mercado. Pues, ¿cómo sabe cada vendedor si son o no buenas noticias? El hecho de que no haya un producto en determinado lugar puede significar dos cosas:

- Que a nadie se le hubiera ocurrido antes. El producto quizás tiene potencial, pero el hábito de consumo no se ha creado aún, y el trabajo allí será doble, lo que implica una apuesta estratégica fuerte.
- Que ya hubo intentos anteriores que fracasaron, y hay que averiguar por qué. Es que, vamos, la famosa frase de "vender hielo a los esquimales" puede dar cuenta de una habilidad genial para vender, pero como idea de negocio puede ser fatal.

En todo caso, no le queda a usted más remedio que revisar este asunto antes de lanzarse.

¿Mi mercado es toda la ciudad? ¿Toda la provincia? ¿Todo el país? ¿O solamente mi barrio? Dentro de la zona marcada, ¿es toda la población o la de una edad, sexo, idioma, religión o filiación determinada? ¿Qué condición socio-económica? ¿Querrán utilizar mis servicios? ¿Quizás sí, pero no exactamente como los estoy ofreciendo ahora? Si modifico mi producto o servicio de acuerdo a lo que el mercado me "diga", ¿tendré mayores posibilidades? ¿Qué dimensión tiene mi mercado potencial? El trabajo, traducido a horas hombre, ¿vale la pena el esfuerzo?

Mucha información al respecto está disponible en las dependencias gubernativas de las diversas zonas, municipios, gobernaciones, etc. Para más datos deberá sencillamente preguntar a los interesados: ¿querrán las madres de mi ciudad ahorrarse tiempo y dolores de cabeza comprando los pasteles a mi vecina? ¿O se trata de algo que las madres quieren, contra viento y marea, hacer ellas mismas para sus hijos?

En fin, consulte, pregunte a sus amigos de confianza si les parece bien la idea. No obstante, dicho sea al margen, cuide también el factor secreto. Si se le ha ocurrido un aparato eléctrico para curar los piojos definitivamente, no querrá que todo el mundo lo sepa antes de sacar el producto a la venta. Por lo tanto, elija bien a quién preguntar.

4 | Estudie a la competencia

¿Qué productos o servicios similares al suyo existen ya en el mercado? ¿Con qué grado de éxito? ¿Puede mejorarlos, y a mejor precio? Lo remito de nuevo a la parábola de la aldea africana: si sus productos no existen en ese mercado, ¿por qué ocurre? ¿Cuál es la experiencia anterior?

No espere a hallar una idea que no tenga competencia. Puede llevarle toda su vida. La competencia es parte del juego y debemos aceptarla. A todo lo que podemos aspirar, a menos que seamos inventores de patentes, es a mejorar lo que ya existe, o directamente a imitar, esto último en el legal sentido de la palabra. Pues, de otro modo, nadie abriría nuevas salas de cine, hoteles o supermercados, dado que éstos ya existen. No habría nuevos magos, peluqueros ni nutricionistas, Pepsi no habría lanzado su bebida de cola, y tampoco existiría la industria de las franquicias. Tratar de inventar la rueda, además, puede tener patas cortas: si de verdad logra introducir una novedad, la competencia le pisará muy pronto los talones.

Pero, como le digo, puede aspirar a mejorar lo que ya existe. El esfuerzo por tratar bien a sus clientes, por crear una relación personal, mantener una generosa política de crédito, descuentos y devolución, es sólo el comienzo. Existen grandes empresas que basaron su existencia en el agregado de valor a un producto estándar. El ejemplo clásico es Domino's Pizza, que no inventó la pizza, sino su entrega en tiempo mínimo. El valor agregado es tan concreto, que si el cadete no llega con su motocicleta en el tiempo estipulado, le devuelven su dinero.

Investigue los ítems básicos acerca de su competencia: limítese a quienes comparten su mercado target; determine sus puntos fuertes y débiles; investigue sus políticas comerciales: gama de productos, precios, valor agregado, etc. ¿Cómo? A veces la información ya está en Internet. Caso contrario, si es un local, entre y pregunte, como lo haría cualquier cliente. Aunque pueda resolverlo telefónicamente, estar físicamente allí le dará mucha más información. Si es un servicio sin local, llame por teléfono.

A veces se enfrentará con dilemas: si quiere abrir un café con postres caseros hechos por su tía, y se entera que en el terreno de al lado abrirán en breve un nuevo centro comercial lleno de restaurantes y cafés, ¿abrir, no abrir, o huir a una zona más alejada y sin semejante competencia? La última opción parece la más obvia. Pero quizás la apertura del centro comercial le dé a usted varias ventajas: atraerá un flujo de público que antes no existía en esa calle, y el alquiler que pague será siempre menor al que deban pagar los inquilinos en el lujoso centro comercial, lo que le permitirá competir en precios. Recalco: esto último no es una recomendación de abrir su café con postres de la tía, sino un ejemplo de dilema a resolver. La recomendación es la de salir ahí afuera e investigar, por sí mismo o con la ayuda de un profesional, antes de decidir.

5 | El tema del precio

He aquí uno de los aspectos más difíciles e incluso dolorosos para el nuevo autoempleado. Le provoca angustia, a veces, el sólo pensar en cobrar por su servicio. Tanto más le pesa fijar el precio de su labor o su producto, y mucho más el aumentarlo.

Hay que entender que el precio es también un diálogo entre su persona y el mercado, en el que no sólo se habla del producto en cuestión sino de las partes involucradas en la transacción. Cuando usted fija un precio y negocia, está diciendo: "Mi producto vale tanto", "Yo valgo tanto", "Mi negocio vale tanto", y también... "Usted (el cliente) vale tanto".

En efecto, ¿cuántas veces se abstuvo usted de comprar un producto... porque era demasiado barato? No tenemos problema en quejarnos por el precio de la carne o de los alquileres, pero en otros casos, pagar un precio alto nos resulta necesario para sentirnos bien con nosotros mismos y nuestro entorno. Ocurre cuando compramos un regalo para alguien querido, cuando equipamos nuestra casa con los mejores muebles y el más moderno equipo de cine hogareño, o cuando adquirimos el último modelo de teléfono celular inteligente. ¡Cuánta diferencia hay entre comprar el último iPhone en la semana de lanzamiento y hacerlo un año después cuando bajan los precios!

Las grandes marcas conocen bien este aspecto emocional de la psique del consumidor, y lo utilizan a su favor. Recuerdo de mi infancia la publicidad del televisor Grundig. Su slogan era: "Caro, pero el mejor". Uno de los slogans del whisky Chivas Regal es: "Parece caro... lo es".

Mi amigo Larry Sternschein es arquitecto. Él construye casas para clientes particulares, y grandes proyectos habitacionales para contratistas. Es un arquitecto brillante y, para su suerte, lo sabe. Le he pedido permiso para citar su respuesta a los clientes que le ruegan por un descuento. Es la respuesta firme de un buen negociante, pero también la de quien sabe que el precio ayudará a sus clientes a sentirse valorados ante sí mismos y ante los demás. Les dice: "Mire, este es el precio que vale mi trabajo. Es también el precio que vale usted, que se merece lo mejor. Si no está de acuerdo, yo mismo lo puedo derivar con un colega que le hará un trabajo más barato". Muy pocos clientes dejan de pagarle el precio completo, y terminan haciéndolo con gusto.

Por eso, el precio es en gran medida un asunto psicológico en el que confluyen tendencias colectivas de mercado en un extremo, y nuestra autoimagen en el otro. Evalúe el mercado... y ¡trabaje sobre su autoestima! No es fácil. En mi experiencia como conferenciante, mi precio ha subido muy paulatinamente, a medida que yo mismo crecía en confianza, en conocimientos y en performance.

A nivel más técnico, en especial si se trata de un producto tangible, los factores a tener en cuenta para fijar el precio de un producto son un poco más sencillos. Antes, los precios se fijaban según la fórmula aritmética:

$$\boxed{\text{Costo de Producción}} + \boxed{\text{Gastos de Operación}} + \boxed{\text{Utilidad Deseada}} = \boxed{\text{Precio Producto}}$$

En la era del "consumo inteligente", sin embargo, se ha invertido la ecuación. Hoy en día los precios se fijan según una fórmula "merca-dológica":

$$\boxed{\text{Precio Necesario de Mercado}} - \boxed{\text{Utilidad Deseada}} - \boxed{\text{Gastos de Operación}} = \boxed{\text{Costo Necesario Producto}}$$

Es decir, se procede a la inversa: primero se evalúa cuánto el mercado está dispuesto a pagar por el producto. A ello se le descuentan los gastos de operación y la ganancia deseada, y se llega así al costo necesario, es decir, el que debería tener para que nos queden ganancias. Si, al compararlo con el costo real de producción, vemos que no nos queda ganancia alguna, o que la misma requiere la venta en una cantidad desorbitante para mantener el negocio en marcha, habrá que pensar dedicarse a otro producto.

Como ejemplo, lo remito nuevamente al negocio de panqueques de mi hijo. No puede cobrar más de 50 centavos la unidad. Si hay siquiera ganancia, la misma no le alcanzará para vivir aunque sí para unas deliciosas golosinas después del cole...

¿Qué pasa, en cambio, si el producto es un intangible? Clases de apoyo para el colegio, clases particulares de guitarra o inglés, hora de consulta psicológica o de coaching, la animación de una fiesta, una conferencia, la construcción de una página web.

El error es pensar que son servicios que casi no tienen costos, pues no hay fabricación. Pero el psicólogo en general alquila su gabinete, o lo ha comprado. Si el profesor particular se traslada a la casa del alumno, tiene costos en viáticos. También compra permanentemente literatura profesional. Lo mismo hace el conferenciante, que debe estar permanentemente actualizado. Todos ellos pueden decidir realizar algún tipo de publicidad paga. Estos costos, pequeños o grandes, deben ser calculados.

Sin embargo, existen otros costos, que también resultan intangibles: uno es el de los estudios que ha cursado el profesional, y los años de experiencia que lo han hecho llegar a su nivel actual. Lo ilustra la siguiente parábola:

En una planta fabril colapsa la cañería de gas. Llega el técnico gasista, baja al sótano junto con el encargado para detectar la falla. Mira, huele y palpa durante dos minutos. Saca un martillo, da un par de golpes. "Listo, solucionado. Son 300 dólares". El encargado sube a informar al gerente. Éste le dice: "¿Se cree muy astuto? Que me haga una factura detallada". Al poco tiempo vuelve el encargado con la factura del gasista:

Traslado:	US$	10
Tiempo dedicado al trabajo:	US$	1
Martillazos:	US$	0,50 (0,25 cada martillazo)
Saber dónde pegar los martillazos:	**US$**	**288,50**

Y como le indicaba anteriormente, el precio de su servicio se compone también del valor que el mercado le asigna. Para elevarlo, usted deberá realizar varias tareas:

1. **Capacitación permanente:** tal como sus primeros estudios universitarios, si los ha hecho, el aumento de sus conocimientos le agregará valor en el mercado.

2. **Promoción, marketing, publicidad.** El mercado debe enterarse de quién es usted, cuál es su *expertise* y su experiencia, para que esté dispuesto a pagar por usted de manera creciente.

3. **Estudiar a la competencia** y enterarse, por diversas vías informativas, cuáles son los precios que se están pagando ahí afuera. En muchos ramos, las diferencias son astronómicas, pues, como le digo, no existe ninguna estructura de costos estandarizada. Mi recomendación en ese caso: ubíquese en "un buen lugar en el medio". Podrá así presentar precios atractivos, que le den a usted una sensación de valoración y crecimiento, y que hagan sentir a sus clientes potenciales que están ante un profesional de buen nivel, pero que "no nos mata con los precios".

4. **Estudiar al cliente.** Puede sonar cínico, pero es bien cierta la frase: "el precio es según la cara del cliente". Si como actor doy mi espectáculo unipersonal para una institución de beneficencia, no cobraré lo mismo que para una empresa multinacional… ¡a

pesar de tratarse de la misma pieza teatral! Esto, repito, es porque el precio es una expresión, no sólo de cuánto vale el producto, sino también de cuánto vale el cliente. ¿Qué gran empresa que se precie tomaría a un actor o cantante de cien dólares cuando puede pagar por uno que vale mil? En un artículo publicado en internet se informaba acerca de varios profesionales independientes –una diseñadora de moda, un chef y un diseñador de interiores- que habían logrado hacer despegar sus respectivos negocios... ¡sólo cuando aumentaron sus precios! Sencillamente, los habitantes de la zona residencial en la que operaban no se sentían valorados por el nivel de precios que se les ofrecía. No le estoy proponiendo aumentar sus precios de modo automático, sino lo que empezó este párrafo: estudie a su cliente.

En cuanto a usted, la evolución del precio de sus servicios será también un indicador de su crecimiento como profesional. Al tiempo que estudia el mercado y se entera de cuánto puede cobrar aproximadamente, aprenda a sentir cuánto vale su hora de trabajo y vaya aumentándola a medida que aumente su valor, su capacidad y su experiencia. Entrénese en decir su precio a viva voz, en enviar cotizaciones y en anotar sus facturas.

6 | Plan de Negocios

El Plan de Negocios es la puesta por escrito de todos estos asuntos, junto con la prognosis financiera del negocio. Poner nuestro plan por escrito cumple varios objetivos:

- Traduce a lenguaje racional el sueño que tenemos en nuestra mente y nuestro corazón. Nos da una enorme claridad acerca de la naturaleza de nuestro negocio, nuestros objetivos, y sus posibilidades de éxito.
- Es una herramienta operativa que, bien utilizada, nos sirve de brújula y hoja de ruta para manejar el negocio y trabajar eficazmente hacia el éxito. Permite establecer órdenes correctos de prioridades, plazos, etc. Ahorra tiempo, dinero y angustias.

- Soluciona las necesidades de análisis del negocio.
- Facilita el conocimiento y la comprensión del negocio por otros, por ejemplo a la hora de buscar financiamiento bancario o de otras fuentes.
- A la hora de buscar inversionistas, éstos no se mueven de sus asientos si no es con un buen Plan de Negocios en la mano. Es decir, tal plan funciona como plan en sí, y como cédula de identidad.

El Plan de Negocios deberá incluir los siguientes ítems:

1. Definición del Negocio. Recuerde definirlo según los beneficios y no según el producto. En base a ello indique, también, cuál es o son los productos y/o servicios a vender.

2. Visión, tal como la trabajamos en el capítulo anterior.

3. Modelo de Negocio. Cómo ganará dinero su negocio, cuáles serán sus estrategias, cuáles serán las dificultades estimadas y cómo se propone vencerlas. Cuál será su política de marketing: ventas, precios, descuentos, promociones, publicidad, etc. Cuáles serán las vías de ingreso.

4. Definición del mercado. Población, si es por zona geográfica o por extracción socio-comunitaria, nivel socio-económico, mercado real y mercado potencial.

5. Evaluación de la competencia, cuál es su ventaja competitiva respecto de ella. Cuáles son sus fortalezas y debilidades, sus amenazas y oportunidades (llamado en el lenguaje de gestión y marketing: Análisis FODA).

6. Estructura de gastos:
   a. Costos operativos: costo de la materia prima o de los productos terminados a comercializar; costos de mano de obra; costo de transporte; alquiler de local; servicios de electricidad, gas, agua, etc.
   b. Gastos de marketing: publicidad, relaciones públicas, construcción de sitio en internet, artística del negocio (diseño del logo, papelería, tarjeta de visita, diseño de los

avisos publicitarios, carteles del negocio, diseño de vidriera, etc.).

7. Progresión financiera: llamado también "Evaluación". Se trata de poner, en una hoja de cálculo, los datos acerca del dinero que entra y sale, de modo de poder tener –nosotros y nuestros inversores- una estimación de cuánto tiempo deberemos invertir y trabajar a pérdida, cuándo alcanzaremos nuestro "punto de equilibrio" (cuando los ingresos son iguales a los egresos) y cuándo comenzaremos a obtener ganancias que amorticen la inversión.

El siguiente puede ser un esquema básico de nuestra Progresión Financiera:

Flujo de Gastos e Ingresos Netos

Items	Período 1	Período 2	Período 3	Período 4	Período 5	Período 6	Período 7	Período n
Inversiones	-100	-100	-100					
Ingresos			300	450	650	700	850	750
Gastos		-400	-400	-450	-420	-430	-450	-440
Neto	-100	-500	-200	0	230	270	400	310
Acumulado	-100	-600	-800	-800	-570	-300	100	410

En este esquema, que es sumamente básico, nos estamos proponiendo a nosotros mismos y a nuestros potenciales inversores o socios capitalistas, un plan optimista, según el cual deberán aportar la suma de 100 por el lapso de tres períodos (mes, trimestre, año) solamente, cuando prevemos que comenzarán a haber ingresos. Estos serán respetables, pero no alcanzarán a cubrir los gastos, y el total acumulado será negativo.

Recién en el cuarto período alcanzaremos nuestro "punto de equilibrio": nuestro ingreso será igual a nuestros gastos, y el Neto será igual a cero. Es importante tenerlo como perspectiva, saber estimativamente cuándo habrá de ocurrir, y apuntar hacia él. Es un gran hito en la historia de su empresa o su emprendimiento como trabajador autónomo.

Pero ello todavía no alcanza para amortizar la inversión: el total sigue siendo negativo, pues nosotros y nuestros inversores no hemos recuperado aún nuestro dinero. Que ingrese tanto como ha salido no significa que el negocio esté fuera de peligro.

En el quinto período ya proyectamos ingreso neto a favor, el cual iremos aumentando hasta que, recién en el séptimo período, tengamos ganancias reales. Esto, junto con los fundamentos que usted presentará en los items anteriores de su Plan de Negocios, que fundamentan este cuadro numérico, es lo que permitirá a nuestros inversores potenciales tener una proyección estimada pero clara, acerca de cuándo habrán recuperado su inversión y comenzado a ver los frutos de la misma.

La advertencia para usted es lo que sus inversores en general ya saben: estas proyecciones rara vez se cumplen. Prepárese para dar explicaciones acerca de por qué no se han alcanzado estas metas, y por qué hace falta más inversión y más paciencia por parte de sus socios capitalistas.

7. Final consuelo

Primera observación: obviamente, no he tocado todos los puntos necesarios. Por ejemplo, si decido emprender mi negocio con un socio, ¿cómo elegirlo? ¿Alcanza con que sea un buen amigo? ¿O en realidad, al contrario, la amistad y los negocios no se llevan bien? Tampoco hemos tratado el tema de los socios inversores o capitalistas: ¿qué tipo de sociedad entablar con ellos? ¿Cuál será su parte por trabajar y dirigir, y cuál la de ellos por invertir? Podemos dar respuesta a estos interrogantes, pero en algún momento hay que ponerle punto final al capítulo y al libro.

Segunda observación, casi con tono de disculpa: este capítulo parece contradecir el anterior acerca de la visión, y toda la prédica respecto de perseguir nuestros sueños. Allí donde el capítulo III pretendía motivarlo, parece venir el capítulo IV a pincharle el globo, a mostrarle que la cosa es tan difícil que para qué intentarlo.

En efecto, se dirá usted, otra vez: "Yo estaba tan bien en mi cubículo, con mi cafecito a las 9.00, mi jefe temperamental, mis compañeros entrañables aunque a veces invasivos, sabía las reglas del juego y me sentía respetado. Me iba a las 16.00 horas y me olvidaba del trabajo hasta el día siguiente. Viene Marcelo y me dice en su libro que me haga independiente, y que es muy bueno, porque no dependo de una sola fuente de ingresos y puedo cumplir mis sueños. De repente, me da un golpe: me dice que no todos los negocios funcionan, que tengo que tener cuidado con esto y aquello, y que tengo que hacer bien unas cuentas complicadísimas. Definitivamente, lo que yo ya decía: ser independiente no es para mí".

Pues bien, no era mi intención confundirlo ni atosigarlo. Si todavía guarda a un costado sus anteojos color esperanza, vuelva a colocárselos. El capítulo IV puede ser visto como una traducción operativa del III. No podría perdonarme abrirle un cúmulo de posibilidades para su vida económica sin mostrarle un poco del "cómo se hace" y advertirle de algunos riesgos. ¿No sería una irresponsabilidad de mi parte?

Segundo, si usted va a ser un trabajador autónomo, un prestador de servicios individual, las herramientas que le presento aquí son una guía solamente, un listado de elementos a tener en cuenta, como instrumentos mentales, más que de trabajo concreto. Su decisión no debe ser hasta tal punto calculada si usted se va a dedicar a plomero a domicilio. Puede publicar su aviso en el periódico zonal, una página básica en Internet, y salir al ruedo, sin definir su negocio ni demás items. A decir verdad, no conozco muchos autónomos que hayan hecho alguna vez un verdadero plan de negocios.

Pero creo que es importante que sepa que estas herramientas existen, aunque más no sea como herramientas de pensamiento para concebir y entender lo que usted se propone hacer. Si logra hacer un mínimo Estudio de Mercado y escribir su Plan de Negocios, aun si es en una servilleta de papel en la cafetería de la esquina, para sí mismo y sin inversores que lo presionen, tengo la certeza que su negocio se potenciará, porque es usted el que lo verá más claro. Como plomero podrá entender por qué no recibe llamadas en su primer mes de actividad –¡porque hay competencia, y usted sabrá cuál es!- y podrá ajustar sus estrategias.

Tercero, si se propone lanzar aquel café con las tortas de su tía, usted sabe que no necesita hacerlo solo. Este capítulo, más que las respuestas, le da al menos las preguntas a formular a un asesor comercial. Sabrá pedirle un Estudio de Mercado y un Plan de Negocios, y podrá participar en su confección.

En suma, este capítulo pretende ser una caja de herramientas concretas. Usted decide si utilizarlas o no, y en qué medida. Llévesela, está incluida en el precio...

CAPÍTULO V

"La empresa soy yo":
El Segundo Pilar en acción

1 | El paradigma Britney Spears y los Dos Pilares

¿Qué sabe hacer la cantante Britney Spears? Cantar, bailar de modo sexy, y nada más. Es cierto, algunos lectores pondrán en duda también eso, pero a millones de personas les gusta y a mí me cae muy bien, así que otorguémoselo, que para el caso que nos ocupa es suficiente.

Pues bien, ¿cómo hizo una chica que se ve bien, que sabe cantar, bailar de modo sexy y nada más, para construir un imperio económico alrededor de su persona? Después de todo, existen decenas de miles de "chicas que se ven bien, que saben cantar, bailar de modo sexy y nada más" en el mundo. Pero Britney Spears lo logró, y la mayoría de las demás no. ¿Entonces?

Sencillamente, otras personas construyeron el imperio por ella. Personas, en este caso empezando por su madre y siguiendo con varios productores, que supieron guiarla, armar su plan estratégico y dirigirle la carrera de la A a la Z. Pensaron que tenían en las manos un buen producto, y estuvieron dispuestos a invertir y realizar todas las tareas necesarias en torno a él.

Digámoslo de una vez: con el talento o producto que usted posee, no alcanza. Un negocio, de cualquier tamaño que sea, está compuesto por Dos Pilares: uno está formado por los servicios o productos que usted ofrecerá al mercado. El otro es el manejo del negocio en sí. Algunos dirán que estos Pilares pueden llegar a ser muy desiguales, pues en muchos negocios el producto es de mucho menor calidad que el agresivo marketing que se le hace. Tome como ejemplo cualquier película mediocre de Hollywood. El trailer y las publicidades en televisión prometen mucho y tienen una excelente factura profesional, pero en la sala cinematográfica no dejamos de bostezar.

Estamos de acuerdo. Pero en este libro hablamos de buenas prácticas. Partimos de la base de que su producto o servicio es realmente bueno, y que lo seguirá desarrollando y mejorando de por vida. Sin producto no hay empresa. Debe usted creer en él, cultivarlo, ampliarlo, actualizarlo de modo permanente, desarrollando y ofreciendo también, de tanto en tanto, nuevos productos y servicios. De lo contrario, tarde o temprano el mercado percibirá su mediocridad. En el mejor de los casos, sus pilares permanecerán enanos. En el peor, ambos caerán, y usted con ellos.

Partiendo de la base de que usted tiene lo que ofrecer al mercado, mi preocupación aquí es por su Segundo Pilar, dado que nadie nos ha enseñado que no es suficiente con ser un buen electricista, médico, payaso, fabricante de martillos o locutor de mensajes para centralitas telefónicas (para continuar leyendo, marque el 1…).

El resultado es que armamos nuestra oficina inmobiliaria, la acondicionamos muy bien, incluso le ponemos plantas y cuadros de buen gusto, ponemos un cartel dorado en la entrada que dice "Marcelo Kisilevski, Bienes Raíces", abrimos la puerta que da al pasillo, y nos quedamos ahí a esperar que entren los clientes corriendo en busca de nuestro servicio. Un mes después, no entendemos por qué la gente no llega, si somos tan buenos intermediarios y nuestras propiedades están tan bien ubicadas.

He aquí las noticias: todos somos Britney, sabemos "cantar, bailar de modo sexy y nada más". Es decir, tenemos un talento, algo que sabemos hacer envidiablemente bien. El problema es que el común de los mortales no tenemos una madre carrerista que crea en nosotros, ni productores que construyan un Segundo Pilar para nuestro beneficio y el suyo propio. Estamos a nuestra propia merced, y tendremos que construir ese Pilar por nosotros mismos. Tendremos que aprender a ser, también, nuestro propio director de carrera. Puede ser duro, pero es la realidad.

Ahora cambie el color de sus anteojos: ese aprendizaje y esa dirección de la propia carrera pueden ser también apasionantes. Que empiece la música.

2 | Los departamentos de mi empresa

Toda empresa está organizada en sus diversos departamentos, que deben funcionar de modo armónico, con eficacia y eficiencia. La metáfora de los departamentos le ayudará a entender las diversas dimensiones de su actividad como autónomo.

Veamos en resumen cuáles son esas actividades o departamentos, y cómo se traducen en nuestra organización como prestadores de servicios. En otras palabras, cómo se combinan, incluso en una empresa de una sola persona.

i. El Departamento de Dirección y Estrategia soy yo

La sigla CEO significa *Chief Executive Officer*, es decir, el gerente general de una empresa, su máximo cargo profesional, justo por debajo de la Junta Directiva.

El CEO es el capitán de esa gran embarcación que es la empresa:

- Diseña y planifica la estrategia que le permite a la empresa plasmar su visión: es el estratega, que se ocupa de objetivos de máxima, y trabaja en el largo plazo. Muchas veces, la visión es la que le dictó la Junta Directiva. En muchísimos casos, sin embargo, dicha Junta adopta las propuestas estratégicas que, de hecho, son elevadas por su CEO.
- Administra los recursos financieros globales.
- Dirige los recursos humanos, delega funciones.
- Crea e implementa una cultura organizacional.
- Un buen CEO consulta, no se queda solo y sabe trabajar en equipo. Pero finalmente es capaz de tomar las decisiones, y hacerse cargo de los resultados.

- Toma esas decisiones, mide esos resultados, y refuerza o modifica rumbos. El CEO es un líder.

Un CEO se formula, conciente o inconcientemente, sistemática o caóticamente, preguntas y dilemas de modo permanente:

- ¿Qué puedo hacer para llegar más rápido a la visión empresarial?
- ¿Qué está funcionando bien? ¿Qué está fallando?
- La oferta que me acaban de hacer, o la oportunidad que se ha presentado, ¿coincide con mi plan? ¿O me aleja de él?
- Si me aleja de mi plan, ¿debo rechazar la oferta u oportunidad, o modificar mi plan, dado que la misma me abre posibilidades totalmente nuevas?

Es decir que mientras realiza el trabajo, encarga las nuevas facturas a la imprenta o anota un nuevo pedido, usted deberá también dedicar un tiempo significativo al pensamiento estratégico de largo plazo. Incluso mientras espera ser atendido en el correo.

Señor técnico de acondicionadores de aire, señor diseñador gráfico, señor terapeuta con flores de Bach, señor docente: el puesto es suyo. Queda usted contratado como CEO de su empresa, de su emprendimiento, de su hogar como unidad económica y de toda su vida financiera. Tiene ahora el poder en sus manos, el timón de su barco. Usted decide adónde habrá de llevarlo, y se compromete a tener en cuenta permanentemente su visión a la hora de tomar decisiones, por pequeñas que sean.

Abramos ahora esa botella de champán que tenía reservada para las ocasiones importantes. Es el ascenso que había estado esperando. Llenemos nuestras copas… ¡y brindemos a su salud!

ii. El Departamento de Investigación y Desarrollo soy yo

Supongamos que es usted docente, y ha sido despedido. O ha renunciado, harto de las crisis educativas, de los bajos salarios y el nulo reconocimiento a la que, creo, es la profesión más noble e importante de la Tierra.

Si es varón, ha estado imposibilitado de mantener dignamente a su familia. Si es mujer, habrá tenido suerte si se trataba del clásico "segundo salario" en casa. Si es madre sola, en cambio, la acompaño en el sentimiento, y espero que estas páginas la ayuden. Tengo mucho para decir sobre la discriminación de la mujer en el mundo laboral, pero es tema para otro libro. En todo caso, razón de más para pensar en una carrera independiente.

Supongamos ahora que usted ha decidido que no quiere renunciar a la docencia. Pero está decidido o decidida a construir un proyecto que sea rentable y que, a la vez, le permita seguir plasmando su vocación. Usted necesitará pensar en trabajos ligados a la docencia que no impliquen estar a cargo de un aula ni ser empleado del Ministerio de Educación.

Tendrá que **investigar** nuevas posibilidades, y **desarrolar** su proyecto. A eso se dedica el **Departamento de Investigación y Desarrollo**.

Una posibilidad bien simple, incluso para empezar, es hacer correr la voz de que se dedica ahora a dar clases de apoyo a alumnos de la escuela primaria, a secundarios (preparatoria) para sus exámenes de bachillerato, a universitarios para sus exámenes de ingreso, o a todos ellos.

Tendrá que ampliar sus conocimientos. Informarse acerca de qué materiales se evalúan en los diversos exámenes, estudiar y **preparar** clases. A eso usted, como buen docente, está acostumbrado.

Ahora resulta que viene un amigo y le cuenta –como se lo estoy contando yo ahora- que existen hoy en día plataformas de *webconference*, llamadas también *e-learning*, aprendizaje por Internet, con las que puede usted montar una verdadera consulta particular, o escuela, o universidad virtual.

Sin moverse de su casa, puede usted enseñar de todo: matemática, idiomas, historia, economía, cocina, de modo individual o grupal. El pago puede ser mínimo por alumno por clase, lo que será accesible para gran cantidad de ellos. Se trata de un sistema *win-win*, todos ganan: para el alumno la clase es barata, y para el docente se trata de ganancia por clase que puede aumentar por cantidad y es casi neta (salvo impuestos), pues no tiene gastos de materiales ni viáticos.

Una excelente plataforma de gestión de clases y cursos, de modo muy amigable para el usuario no "tecnologizado" es Wiziq (www.wiziq.com), que permite estudiar y enseñar a distancia, gestionando incluso el pago de los estudiantes al docente.

No doy este ejemplo al azar. Luego de veinte o treinta años de experiencia, muchos de ustedes, aunque no sean docentes profesionales, tienen lo que enseñar al mundo. Quizás usted sea biólogo, y su laboratorio haya cerrado o prescindido de sus servicios. Creo que tiene lo que enseñar. Usted, ex empleado bancario, tiene mucho que enseñarnos al resto de los mortales en materia de servicios bancarios, impuestos, planes de ahorro e inversión. Y usted, que ha estudiado arqueología, puede dictar una cátedra de historia o impartir un taller de mosaico.

Para ello deberá **investigar** el nuevo medio hasta ser técnicamente diestro en su utilización, y **desarrollar** las clases: su contenido, la presentación en Power Point, los clips de video que desearía mostrar a sus alumnos, la ejercitación que piensa darles, etc. Hasta el día de inicio de las clases, su **Departamento de Investigación y Desarrollo** trabajará horas extras.

Al ir aprendiendo los estragos que está haciendo el cambio de paradigma de la economía mundial en el hombre y la mujer comunes, advertí que, con mi experiencia como autónomo de toda la vida, puedo **desarrollar** un proyecto nuevo que ayude a la gente a entrar en la nueva era del modo menos traumático posible.

Escribir este libro es función de mi Departamento de Investigación y Desarrollo. Por un lado, a pesar de ser periodista y haber escrito miles de artículos, nunca había escrito un libro. Esto requiere el aprendizaje mínimo de una nueva habilidad. También he investigado en dos planos: qué se ha escrito hasta ahora, y profundización de mis propios conocimientos empresariales.

Mucho menos había publicado un libro en Internet. He debido acudir a páginas web especializadas e **investigar** cómo se hace para, luego, **desarrollar** la plataforma web para la comercialización.

Eso, por otro lado, cumple con la máxima: "Trabaje más en usted mismo que en su trabajo". Parte de la función de este "departamento" es mejorar sus capacidades de modo constante: mejore su inglés, lea libros ligados a las nuevas habilidades que deberá adquirir: comunicación interpersonal, oratoria, ventas, inversiones, marketing, creación de marca. Lea sobre su especialidad, profundice, actualícese, conviértase en una autoridad y fuente de consulta.

Lea libros de autoayuda y gestión (¡y no solamente "¿Quién se ha llevado mi queso?", por favor!), no les tenga aprensión. Ellos le abrirán la cabeza y lo mantendrán en un "estado de la mente" para el cambio y el crecimiento. Haga por lo menos un curso presencial al año, sobre habilidades y técnicas que entienda que debe adquirir y, por supuesto, de actualización profesional.

En resumen: investigue, desarrolle, y desarróllese.

iii. El Departamento de Operatoria soy yo

Este es el departamento donde se supone que usted se sentirá más "en casa". Es su zona de confort, el lugar donde brilla su Primer Pilar. Es aquel donde usted hace lo que sabe hacer, es donde ejecuta su show. Ya ha hecho el gran esfuerzo de erigir su negocio, promover su servicio, ha negociado el precio con su cliente, ha cerrado el trato y se ha preparado. Ahora, a trabajar. Cuando usted arregla esa red de computadoras, peina a esa novia o da ese masaje, es su Departamento de Operatoria el que está en escena.

Es también el departamento de la eficiencia: el lugar y el momento de "hacer las cosas bien". Por eso, no me voy a extender en este punto, pues usted sabe hacer su trabajo mejor que nadie.

Sólo recuerde lo siguiente: cada trabajo que usted ejecuta para su cliente es la publicidad para el trabajo siguiente. Tanto si se trata de un cliente que puede volver, uno que lo puede recomendar, o si se trata de una tarea que le ha encomendado su jefe, su performance debe ser la mejor, porque va a determinar si el cliente volverá a comprar, si lo va a recomendar, o si su jefe, visto desde esta perspectiva como cliente, va a estará satisfecho y seguirá gozando de sus servicios.

Por eso, no cometa el clásico error de pensar que, porque le pagaron por adelantado, o porque le pagan poco, puede bajar las defensas y dar un mal servicio, o hacerlo bien pero no cultivar la relación con el cliente. No sea como esos prestadores de servicios que se comportan como si estuvieran haciendo un favor, y lo hacen a regañadientes, como si los hubieran molestado en su siesta. También la concepción de servicio ha evolucionado en el mundo, y hoy en día, quienes sirven con cara de amargados son vestigios del pasado. Su cliente no tendrá problema en encontrar otro profesional para la próxima vez.

iv. El Departamento de Servicio y Retención del Cliente soy yo

Lo anterior nos lleva al siguiente departamento.

Desde hace ya muchísimos años uno de mis principales clientes es una ONG con múltiples departamentos educativos. En mi camino por los pasillos de la institución, por ejemplo cuando iba a entregar mi factura de ese mes a la directora administrativa, saludaba a los diferentes coordinadores y directores. Pasaba, por ejemplo, por la oficina de Silvia, la directora de la Sección Capacitaciones Especiales.

-¡Qué bueno que te veo, Marcelo!-, me dijo cientos de veces. –Justo estaba pensando en ti, porque tengo la semana que viene un grupo que llega desde México y que pidieron un facilitador para un seminario de capacitación sobre Utilización de los Medios de Comunicación en la Educación.

Luego de fijar fecha y hora del seminario, seguía mi camino por el pasillo. En la oficina de Formación de Directores para el Exterior me pedían una conferencia sobre Realidad en el Medio Oriente, en la siguiente me encargaban la edición de una revista sobre inmigrantes latinoamericanos habían tenido éxito en su integración al país, y en la de más allá un taller de oratoria para guías universitarios.

Muchas veces la charla podía extenderse, entre la amistad, el café y el trabajo. El director en cuestión me contaba acerca del seminario en su totalidad y yo le daba mi opinión educativa acerca de cómo optimizarlo. También, de paso, le contaba de un nuevo taller que había desarrollado últimamente. De resultas, el seminario pactado podía extenderse a un día entero en lugar de unas pocas horas, es decir, yo lograba "vender" más, en el sentido de agregar valor al servicio, para el bien de mi cliente y el mío propio.

Sólo años después entendí que mi actividad de pasar por el pasillo y hablar con mis contratantes de siempre se llama **Retención del Cliente**. Por no hacerlo de modo conciente y sistemático, por no pasar por otras oficinas, lejos de ese pasillo específico, otros clientes deben haber quedado en el camino, porque el contacto se perdió, y otros facilitadores tomaron mi lugar.

La Retención del Cliente es una de las partes más importantes del marketing, porque es la concreción de la regla de oro según la cual es más fácil vender a clientes existentes que hacer clientes nuevos. Por lo tanto, es también más rentable y económico.

La Retención de Clientes se ha convertido hoy en día en una técnica sobre la que se dictan cátedras, se inventan sistemas y se escriben libros. Se llama CRM, siglas de *Customer Relationship Management*, Gestión de la Relación con el Cliente. Se han inventado incluso palabras como "*clienting*", o marketing relacional.

Pruebe tratar de desligarse de su proveedor de telefonía celular. El Departamento de Retención de Clientes erizará su cuerpo como un gato y entrará en acción. Le propondrán un paquete que nunca soñó. A veces, por diversión, le pregunto al joven representante, que todo lo que sabe hacer, el pobre, es leer un guión que le ponen delante en su computadora: "Soy vuestro cliente desde hace doce años. ¿Cómo no me llaman *ustedes a mí* para ofrecerme ese plan tan maravilloso? ¿Los tengo que amenazar con irme para que me lo ofrezcan?" Pero no es justo de mi parte: ellos pertenecen al Departamento de Retención de Clientes, y el plan ofrecido les salta a la pantalla desde el Departamento de Ventas, encargado de atrapar clientes nuevos. En todo caso, no es obligación de la empresa querer cobrarme cada vez menos...

v. El Departamento de Recursos Humanos soy yo

Todos sabemos que necesitamos hacer actividad física, y hacemos algo al respecto: un abono en el gimnasio. Nuestro deporte favorito, y me incluyo, es pagar una vez al mes por no entrar en él, pero con la conciencia tranquila de que podemos hacerlo... porque "ya está pago".

Más allá del humor, nosotros de verdad somos nuestro personal, nuestro recurso humano más importante. Si entendiéramos nuestro propio cuidado como parte de nuestro emprendimiento, tal vez ello nos daría más motivación para poner nuestros pies de una vez en el gimnasio, comenzar una dieta y hacernos un chequeo general.

Tome vacaciones de algún tipo de vez en cuando. La dificultad ya está dicha: a los autónomos las vacaciones nos cuestan el doble: a lo que cuesta, hay que sumarle el costo de oportunidad, también llamado lucro cesante, por no estar atendiendo el negocio, a menos que tengamos personal o socios. Pero en el peor de los casos, cuatro días en un hotel campestre más o menos económico, no lo quebrarán, pero le llenarán las baterías.

Si usted cuenta con personal, tendrá que tener en cuenta varios aspectos: de qué manera selecciona, cómo capacita y cómo retiene talentos para no caer en el recambio permanente de empleados, qué condiciones laborales ofrecerá, etc. Tendrá que adquirir habilidades de liderazgo, que es otra de las herramientas del Segundo Pilar, para formar un equipo de trabajo cohesionado y guiarlo en el día a día hacia la ejecución de tareas y concreción de metas.

Existe un último tipo de "recursos humanos" que quiero que tome en cuenta: piense en todas aquellas personas que lo pueden ayudar, ya sean familiares, amigos o contactos bien cultivados. En su trabajo de selección, sepa qué pedir de cada uno, y sepa también qué es lo que ellos deberán recibir a cambio, aunque más no sea su afecto y agradecimiento. No dé a nadie por sobre entendido. Y sepa convertirse en "recurso humano" de ellos cuando llegue la hora de devolver el favor.

vi. El Departamento de Marketing soy yo

El marketing, por definición, es el conjunto de actividades tendientes a aumentar el flujo de intercambio entre mi persona o negocio, y mi entorno. Como autónomo, deberá usted dedicar por lo menos un quince por ciento de su tiempo al aspecto de la promoción y la venta. Este aspecto es tan importante que dedicamos todo nuestro próximo capítulo al asunto. La gente de marketing, incluso, le explicará que, en realidad, todo es marketing.

Pues el Departamento de Operatoria, ya lo vimos, se ocupa de la excelencia del producto, a su vez responsable de que el mismo se siga vendiendo. Por lo tanto, desarrollar un producto o un servicio, también es hacer marketing. Lo mismo ocurre, directa o indirectamente, con todas las demás áreas.

En efecto, las famosas "Cuatro P" del marketing incluyen: Producto, Precio, Plaza y Promoción, que abarca prácticamente toda la estructura de lo que hará de aquí en más. Hablaremos, entonces, en nuestra introducción al mundo del marketing, acerca de todos los aspectos que deberá tener en cuenta a la hora de iniciar y hacer crecer su nuevo emprendimiento personal.

Estas actividades incluirán: la creación de una marca, la estrategia de desarrollo de novedades (producto), la publicidad y sus diversos tipos, el servicio al cliente y su retención (ya desarrollado en este capítulo), política de precios, incluyendo ofertas y descuentos, etc.

vii. El Departamento de Finanzas soy yo

Soy lo que se dice un "intelectual". Periodista, educador, traductor, facilitador, coach. Todo lo que tuviera que ver con dinero me era, y en muchos aspectos todavía me es, extraño. Cuando abrimos un negocio, por pequeño y personal que sea, deberemos hacer de tripas corazón, y aprender las bases.

El Departamento de Finanzas, en una palabra, administra el dinero de una empresa o negocio. En el plano más alto, es el que planifica el flujo de dinero de modo de contar siempre con liquidez para pagar a proveedores, para pagar impuestos y salarios, y para invertir el excedente. Decide cuándo pagar, y en qué invertir.

En el plano más mecánico, incluye varias divisiones: la División Presupuestos, la División Salarios, la División Compras, la División Cobranzas.

Pequeñas advertencias:

División Presupuestos: esté siempre conciente de cuánto entra como promedio y cuánto puede gastar. Decida de antemano sus gastos, no trate de remar en la corriente de sus necesidades, sino comandar su barco en cuanto a posibilidades conocidas y decididas según un orden de prioridades.

Divisón Salarios: abra una cuenta bancaria separada de la de su familia, y páguese un salario fijo neto mensual, no importa cuánto gane su negocio. Recuerde que si hoy gana 10.000, el mes que viene puede ganar 2.000, ó 500, y sólo al cuarto mes del tercer año, 20.000. Calcule su promedio en base al promedio del año anterior. Recuerde que, si establece su nivel de gastos en base a la primera suma, el mes que viene tendrá usted un problema serio. En su cálculo del neto, además de gastos operativos, descuente también el IVA y el impuesto a las ganancias, y véalos como un dinero que no es suyo.

Cuídese: el dinero que entra por nuestros trabajos crea una ilusión óptica muy difícil de eludir, pues quizás en el banco *vemos* 15.000, pero los impuestos y demás gastos a pagar posteriormente suman, digamos, 5.000. La sensación es que ganamos 15.000, y que luego debemos "ahorrar" para pagar cuantiosas sumas a otros que nos despojan injustamente. Nos sentimos robados.

Me explico: en el trabajo asalariado, primero pagamos los impuestos y las deducciones por beneficios (es decir, lo paga nuestro empleador), y lo que vemos en nuestra cuenta bancaria es el neto, que no debemos compartir con nadie. Es decir, primero pagamos y después cobramos. En el trabajo autónomo es al revés. Usted primero cobra, y después paga. Ciertamente, páguese primero a usted mismo, y después a los proveedores y al estado. Pero para ello deberá calcular cuánto pagarse de verdad, y reservar el resto a los pagos necesarios. Es un cálculo y un ejercicio no muy fácil de hacer.

División Cobranzas: Un buen día tuve que viajar a otra ciudad a visitar a un cliente moroso, hombre de pocas migas, para cuya empresa había efectuado un trabajo de asesoramiento de marketing y comunicación. Tuve que sentarme con él, adular su sapiencia y su hombría de bien, escuchar pacientemente sus historias y desgracias. Me invitó a almorzar. Fui. Al final me preguntó: "Yo quiero pagar, pero tengo tantos problemas... ¿Qué harías tú en mi lugar?" En un momento de iluminación atiné a contestarle: "La verdadera pregunta es qué haría *usted* en *mi* lugar". Fue un golpe de suerte: mi cliente, sabiendo bien lo que haría él en mi lugar, se convenció de que era mejor quitarme de encima, y recibí mi cheque.

Pero este es un caso extremo. Mientras volvía a casa pensaba divertido: "Señor Jefe de Cobranzas (o sea yo mismo), no se queje. La mayoría del tiempo está usted sentado en su escritorio escribiendo facturas y llamando plácidamente por teléfono para verificar que la cuenta llegó a destino. Alguna vez tenía que hacer algo de trabajo duro". Pues, para su tranquilidad, sepa que la mayoría de los mortales pagan por lo que reciben. A veces negocian plazos o cuotas, pero pagan.

Esté dispuesto a trabajar en esta división, a dedicarle energías y aprendizaje. Incluye: diseñar, mandar a imprimir y retirar las facturas; sentarse a escribir las cuentas, una vez cumplido el trabajo, y enviarlas;

llamar por teléfono para realizar el seguimiento del cobro; reclamar, a veces con firmeza; decidir cobrar de antemano según la ocasión y ser firme en ello; deberá, por último, saber cuándo desistir, y anotar un debe en la columna de los "incobrables".

Cobrar o no cobrar, esa es la cuestión

La habilidad de cobrar no es un tema menor en el manejo de nuestro negocio. Mucha gente se ve en dificultades en este punto pues lo viven como una acción violenta que no están acostumbrados a "perpetrar": *arrebatarles* su dinero a otros. Mi recomendación, por enésima vez: ¡quítese esos anteojos tóxicos! Usted ya ha negociado y pactado el precio de antemano, y llegó con su cliente a una cifra que él está dispuesto a pagar por su servicio. Usted ha beneficiado a su cliente con el servicio que le ha prestado. No sólo merece la paga, sino que su cliente es (o debiera estar) feliz de poder pagar esa retribución, pues es su participación activa en la resolución de su problema o carencia. Esté feliz de dar, y también de recibir.

CAPÍTULO VI

"Yo mismo SRL":
Una Introducción al Marketing

Una posible definición de marketing, como decíamos, podría ser: "Conjunto de actividades tendientes a aumentar el intercambio de recursos entre mi persona o mi organización por un lado, y mi entorno por el otro".

La definición nos sirve, porque resuelve la confusión usual entre marketing y ventas. Esta última será tan solo una de las actividades que componen el marketing. Tal vez incluso nos calme la ansiedad: mejorar la vidriera de nuestro local, que no implica hablar con gente, también será marketing. Vestirnos y acicalarnos para una reunión o servicio, elaborar una página web, escribir un artículo, aprender una nueva habilidad. Todo es marketing, y aquí trataremos el concepto en su verdadero y amplio sentido.

Eso sí: la comunicación interpersonal, hablar con gente, hablar en público, vender, presentar, escuchar, negociar, también es parte de nuestros esfuerzos por "aumentar nuestro intercambio de recursos", y habrá que cruzar ese puente en algún momento, si ese es un problema para usted.

Tal como lo hicimos en el capítulo anterior, tomaremos las actividades relacionadas con el marketing que son relevantes a nuestro trabajo como autónomos y, sin demasiados tecnicismos, veremos cómo cada una de ellas nos brinda herramientas para aumentar nuestra clientela y nuestros ingresos. Usted, le recuerdo, también ha sido nombrado como su propio Gerente de Marketing, y tendrá que tener en cuenta las siguientes áreas de acción:

1 | "El producto soy yo": auto-*branding*, creación de mi marca personal

Mi amiga Laura me llamó ese día traumatizada. Trabajaba en una institución que organizaba programas de capacitación de líderes para ONGs del extranjero, y necesitaba un facilitador en materia de liderazgo en organizaciones sin fines de lucro, para un grupo de América Latina que llegaría al país unos meses después. Así me contaba, espantada, su encuentro con un prestigioso facilitador:

"Entró el tal Alberto Gonzálvez (hemos cambiado el nombre por pudor ajeno, pero el caso es real) a mi oficina muy desprolijamente vestido. No me importa que sea gordo, pero el botón de la camisa a la altura de la barriga estaba a punto de explotar, y entre los botones se veía su panza peluda. Le ofrecí café y fui a la cocinita a preparárselo, me acompañó y me hizo un comentario sobre mi figura. ¡Y era la primera vez que nos veíamos en la vida!

"Nos sentamos, y sin que le preguntara nada, comenzó a hablar de sí mismo y de sus grandes éxitos, sin parar. Me trataba arrogantemente, como si me estuviera haciendo un favor al dejarse contratar por una imbécil como yo. Me dio a entender varias veces que si no lo contrataba, yo era más imbécil aún. Mientras tanto, tomaba el café a grandes sorbos... ¡y se comió una a una todas las galletas! ¿Tú lo conoces?", me preguntaba perpleja. "¿Cómo una persona así puede tener la fama que tiene y encima cobrar lo que cobra? Obviamente no podrá trabajar en nuestra institución".

Admitámoslo honestamente: hay muchos ahí afuera con la misma profesión que usted. Hay demasiados –y buenos– técnicos de cumputadoras, coaches, psicólogos, diseñadores de interiores, odontólogos, periodistas, cantantes, enfermeros, maquilladores, brokers, pedicuros, estilistas, diseñadores de moda. Dado que es así, la diferencia entre usted y ellos, su ventaja competitiva, es una sola: usted.

Es ya bien sabido que incluso los mejores vendedores venden antes su persona que su producto. ¿Quién no tiene una historia sobre cómo lo han tratado mal en un negocio de ropa o en el taller mecánico, la mala impresión que nos ha causado el vendedor o, por el contrario, cómo nos ha cautivado, a la hora de comprar lo que sea? ¿Quién no tiene otras historias, de cómo los clientes vuelven solamente a uno por la relación que se ha creado o la confianza que uno inspira? Y eso tiene, y no tiene que ver con la técnica de venta. En todo caso es parte de ella, pero la antecede.

Quizás Alberto era tan bueno o tan mal facilitador como otros. A decir verdad, yo vi sus talleres: él es mejor que algunos y peor que otros, como todo el mundo. Sólo sus técnicas de marketing le valieron la pequeña fama que había adquirido, así como los precios que osaba cobrar, y fue el descuido de esas mismas técnicas lo que lo obligó, finalmente, a dedicarse a otra cosa. Lo mencionaremos aquí y allá, para aprender de él.

Por eso, la primera pregunta no es qué tan bueno es su producto o servicio, sino cómo es usted. Ya lo hemos dicho: invierta más en usted mismo que en su trabajo. En este caso, aumente el conocimiento que tiene de sí mismo, y cambie en la medida de lo necesario.

Le propongo el siguiente ejercicio, que le ayudará a saber qué "vende" usted realmente. Busque un tiempo y un lugar donde pueda dedicarse sin molestias a la introspección. Si usted ha hecho o hace meditación, sabe a qué tiempo y espacio me refiero. Un lugar donde pueda estar tranquilo, respirar hondo, escuchar buena música y encontrarse consigo mismo. Celebre el encuentro. Levante una copa mental en su honor: usted ha decidido emprender un nuevo camino, y ha decidido que se merece lo mejor. Reconcíliese consigo mismo, que lo pasado, pasado es. Tiene el potencial para triunfar, y la grandeza de espíritu para aceptar que no es perfecto, y que puede mejorar. ¡Brinde por ello!

Ahora, anote:

- ¿Qué imagen tiene de sí mismo? Describa su propia personalidad y también su imagen física.
- ¿Qué imagen cree que proyecta a su entorno?
- Cuando las personas piensan en usted, ¿qué cualidades cree que saltan primero a la mente?
- ¿Qué cualidades negativas cree que tiene?

- ¿Qué cualidades negativas cree que perciben los demás acerca de usted?
- ¿Cómo le gustaría que pensaran de usted?
- ¿Cómo le gustaría ser recordado cuando ya no esté?
- ¿Cree que cambiar sus cualidades negativas podría ayudarlo a tener mayor éxito?
- ¿Es capaz de emprender un cambio, y de hacerlo por sí mismo? ¿O tal vez con la ayuda de amigos o profesionales?

Más tarde, busque dos o tres personas de su absoluta confianza. Explíqueles que necesita respuestas sinceras, pues el objetivo no es hacerlo sentir bien, sino conocerse a sí mismo y saber de veras cómo lo ven los demás. Dígales que usted se ha preparado para las mejores y peores respuestas (y esté preparado). Pregúnteles:

- ¿Qué imagen proyecto, tanto física como personalmente?
- ¿Cuáles son las características que me hacen ser querido y aceptado por mi entorno?
- ¿Cómo hago sentir a los otros cuando interactúan conmigo? ¿Cómodos o intimidados, inferiores o superiores, halagados o humillados? ¿Perplejos, felices, nerviosos?
- ¿Cuáles son las características que me pueden provocar problemas, incluso rechazo, con mi entorno?
- ¿Qué virtudes son las que me traen éxito profesional?
- ¿Qué defectos son los que crees que retrasan mi éxito profesional?

El grado de coincidencia entre ambas listas de respuestas será la medida de su conciencia de sí mismo. Pero es muy común que haya sorpresas, tanto buenas como malas. Acéptelas con amor y gratitud.

Porque las respuestas que obtenga son sus activos, tanto para su vida personal como para su éxito profesional. Sea capaz de identificarlos, para luego potenciar lo bueno y modificar lo malo, o cuanto menos moderarlo. Si, por ejemplo, le dicen que es demasiado directo al hablar, no quiere decir que deba dejar de ser directo, sino de serlo en demasía. Estar conciente de sí mismo lo ayudará a conocer esos "límites de la libertad total" de los que hablábamos en nuestra sesión de coaching. A partir de allí podrá crecer.

Lo que la gente compra no es el producto en sí, sino el valor detrás del producto. Si compra un vino caro, lo que está comprando es prestigio, tanto o más que el vino mismo. Por lo tanto, cuando lo "compren" a usted, usted debe saber qué es lo que compra el cliente. Lo llamaremos su "valor de venta": ¿Amistad? ¿Autoconfianza? ¿Buen humor? ¿Una visión positiva de la vida? ¿Empatía, esa sensación de sintonizar en su misma frecuencia? ¿Su liderazgo, la habilidad de lograr que el cliente se sienta en buenas manos? ¿Excelencia, seriedad, preocupación por los pequeños detalles, puntualidad en la entrega? ¿Clase? ¿Sencillez? ¿Tranquilidad para resolver emergencias? ¿Creatividad sin límites? ¿Capacidad de escucha?

El *branding*, como el posicionamiento, es el lugar que ocupa usted en la mente de su clientela: aprenda a identificar qué piensan y sienten sus clientes y contactos cuando lo ven entrar. ¿"Ahí llega el profesional", u "otra vez ese molesto"? La gente sabe si usted es un profesional único o del montón, si es simpático o agresivo, y de acuerdo con ello deciden su compra. En sus manos está elegir estratégicamente cuál será su imagen, a través de su auto conciencia y su desarrollo personal.

Cuando haya identificado su principal valor de venta, el motivo por el cual usted logra vender, podrá potenciarlo y construir su propia marca, su "Yo Mismo SRL", de un modo mucho más eficaz y rentable.

2 | "Cuéntele al mundo": todos los caminos de la publicidad

Ahora que ha saltado a las aguas turbulentas del mercado, deberá aprender a ser un poco menos modesto. De algún modo, deberá contarle al mundo lo que hace y lo que vale. La publicidad, por definición, es la información, a un público lo más amplio posible, acerca de las ventajas del producto que vende.

Es ahí donde debe saltar de su silla y gritarme: "¡Un momento! Nos acabas de enseñar con la historia de Alberto Gonzálvez que no es bueno hablar bien de uno". Respuesta: Alberto, para empezar, fracasó en la creación de su marca, es decir en la imagen transmitida, al actuar de modo ordinario y arrogante a la vez. Obviamente, cuando cuente a otros quién es usted, tanto en encuentros sociales como profesionales, lo hará aplicando un poco de inteligencia emocional: sin arrogancia pero con orgullo, escuchando al otro pero con firmeza, y en una medida suficiente para provocar interés y las preguntas del otro, en una palabra: sea breve, y no sea pesado.

Pero sobre todo, Alberto confundió venta con publicidad. Su reunión con mi amiga Laura debía ser un encuentro de venta. Y como veremos, vender es más preguntar y escuchar, que hablar y presentar. Él debió hacer preguntas en lugar de hablar tanto de sí mismo, debió escuchar paciente y empáticamente las necesidades de Laura y de su institución, para luego asesorar y exponer sus opciones de solución.

Pero si de publicidad se trata, recuerde que su mejor anuncio es su nombre, su conocimiento y su propio trabajo. Haga saber a sus interlocutores, cualquiera sea el grado de cercanía, a qué se dedica y cuánto sabe usted de su materia. Aproveche situaciones que se le presentan para hacerse conocer: vaya a reuniones, convenciones y cursos de actualización. Encuentre dónde escribir artículos sobre su área de experiencia, ya sea una revista, una página de internet especializada o incluso su propio blog. Allí también se construye su "marca".

Una vez vendido un servicio, la entrega es la publicidad para el próximo, tanto para la venta repetida al mismo cliente, como para la recomendación a potenciales nuevos clientes. Lo sabe el animador de fiestas que, para decirlo en la jerga de las artes escénicas, "deja todo en el escenario", no sólo porque es lo que han comprado sus clientes, sino porque sabe que de eso dependen sus próximos trabajos. No sólo es publicidad gratuita, sino que le están pagando a él por hacerla. Al final, discretamente y con permiso de sus clientes, repartirá su tarjeta a los invitados a la fiesta.

Alberto, por lo tanto, no sólo se confundió en la entrevista con Laura. También perdió una oportunidad de oro de hacer publicidad... con su trabajo.

A la hora de hacer publicidad y construirse como marca, conviene también que tenga en cuenta los métodos publicitarios tradicionales y no necesariamente gratuitos. El más básico para el profesional autónomo puede consistir en: tarjeta de presentación, página web y aviso publicitario impreso o electrónico.

Una advertencia: si el nombre de su marca no va a ser su nombre (tipo "Ferretería Pedro"), le recomiendo recurrir a un profesional del *copywriting* para que le invente uno. No comparto el consejo de muchos, de ahorrar en todo lo posible. Un buen nombre puede significar un enorme posicionamiento y una colosal afluencia de clientes y dinero. El *copywriting* es una profesión aparte. Si puede hacer el esfuerzo económico, le aconsejo no subestimar este aspecto.

Y sobre todo, no intente hacer diseño gráfico por sí mismo, si esa no es su profesión. Enfatizo esta advertencia porque es el error más común. He visto a colegas profesionales autónomos pasar largas horas diseñando por sí mismos espantosas tarjetas de presentación y folletos publicitarios. Es innecesario y contraproducente. Considere el diseño gráfico de su negocio como parte escencial de su inversión.

Una página web básica, en cambio, puede hacerse gratuitamente a condición que se trate de una plataforma con diseños gráficos estandarizados con un nivel digno. Una plataforma muy versátil y fácil de usar, que le permitirá ahorrar miles de dólares, por lo menos en una primera etapa, es Weebly (www.weebly.com), que yo mismo utilizo. Otra muy popular y de alta calidad es www.wix.com. En la medida que tenga tiempo, debe convertirla en una página de contenidos dinámicos, que vayan generando tráfico. Abra en ella un blog, donde publique sus artículos y pensamientos, y donde responda a consultas. Puede abrir un foro, donde los usuarios pregunten y opinen. Suba fotos y videos con frecuencia. Aprenda a trabajar con palabras clave, de modo que los motores de búsqueda le deriven navegantes. Nuevamente insisto: si todo esto es realmente chino básico para usted, póngase en las manos de un profesional. La inversión le ahorrará tiempo y le aumentará el flujo de clientes e ingresos.

Sí, ya sé que son demasiadas cosas. A mí mismo me cuesta mantener actualizado mi blog. Pero cuando lo hago, ello me redunda en un gran placer, buenas reacciones del público y una sensación de prestigio y de ser útil a la sociedad. Nuevamente, pídale ayuda a su sobrino o a su nieto, o bien ingrese solo y sin asustarse a plataformas de blogs gratuitos como www.Blogger.com o www.Wordpress.com, que lo guiarán paso a paso por el proceso de crearlo y actualizarlo. Luego, linkéelo a sus redes sociales (de nuevo, busque un sobrinito que le explique eso).

El blog es su escenario y su vidriera. Allí usted expone lo que sabe, construye su espacio de autoridad en la materia y va adquiriendo prestigio en su área, lo cual, en definitiva, le permitirá vender a posteriori su servicio o su producto, aumentando paulatinamente su precio.

Con el blog usted logrará varios beneficios: crear su marca, transmitir liderazgo y credibilidad, crear una comunidad alrededor suyo, obtener una retroalimentación directa acerca de las necesidades e inquietudes de su público, generar tráfico a su página web.

Después de una vida de trabajo, usted es experto en lo suyo y puede dar cátedra escribiendo breves artículos, con uno o dos por semana es suficiente. Si puede actualizarlo todos los días, ello lo hará acreedor a premios por creación de tráfico y lo colocará en la primera página de las búsquedas en Google. Si es abogado, el blog debe asesorar a los lectores sobre problemas legales y leyes relativas a su área de acción. Si es arquitecto, quizás quiera dedicar su blog al diseño de interiores, a refacciones en la casa recién adquirida, a la planificación de complejos urbanos, o al paisajismo.

Envíe un *newsletter*. Mi amiga Sarit Goshen tiene una empresa singular: pone orden en las casas. Si usted tiene la típica manía de no tirar cosas viejas, y se le va llenando la casa y el depósito con objetos que sabe que jamás volverá a usar, llame a Sarit. Si se va a mudar y no soporta empacar todo, y luego vive meses de agonía hasta que desarma todas las cajas en su nuevo hogar, Sarit se lo resuelve... ¡en dos días! Uno para armar las cajas en la casa vieja, y otro para desarmarlas en la nueva, cada cosa en su nuevo lugar. Mi abogada utiliza estos servicios, e incluso sale de vacaciones durante los días de la mudanza. Cuando vuelve, bronceada por el sol, todo lo que tiene que hacer es entrar a su nueva casa y disfrutar.

Sarit tiene un sitio de Internet normal, muy correcto en su factura gráfica y de contenido. No tiene un blog, pero todos los meses envía por email un *newsletter* que es una verdadera revistita sobre cómo tener la casa en orden. Lo sé, porque estoy en su lista. Así me entero cómo optimizar el espacio en los armarios, cuándo y cómo cambiar la ropa de verano a invierno, cómo ordenar los implementos de cocina del modo más práctico, cómo enfrentar el pánico a los papeles que se acumulan hasta estallar en el tercer cajón.

Cuenta que le llevaba sus horas, hasta que contrató a una periodista para que escribiera los contenidos, que ella le pasa en líneas generales por teléfono. Le cuesta algo de dinero, pero todos los meses, sin excepción, obtiene un nuevo cliente, o un cliente recurrente, sólo a partir del *newsletter*. Ese solo cliente ya le deja ganancias respecto de esa inversión mensual, y recomendaciones a otros clientes.

Su sobrino o su nieto no lo podrán ayudar en esto. Tanto para confeccionarlo como para enviarlo, necesitará la guía y la infraestructura de profesionales especializados. Esto vale también para su sitio web y para el blog. Tanto la utilización de palabras clave para búsquedas en Google, como el denominado SEO (*Search Engine Optimization*, optimización en motores de búsqueda) para que el público interesado llegue a sus páginas web rápidamente, requieren una mínima inversión. Pero vale la pena, porque se trata del público más altamente focalizado, y la amortización es rápida, si no inmediata.

Proporcionalmente es también la publicidad más barata. Piense en los avisos de televisión, que cuestan fortunas y las ve todo el mundo. Las grandes empresas la ven como convenientes, porque llega *también* a su público target, que además suele ser enorme. Por ejemplo, la publicidad de toallitas higiénicas femeninas es vista por hombres y niños, pero también por *todas* las mujeres. Usted, en cambio, tiene un presupuesto mucho más magro, y debe optimizar sus recursos. Internet ofrece hoy muchas soluciones, y todo lo que debe hacer es hallar un proveedor (en la jerga lo llaman *webmaster*) que sea de confianza, y que le resuelva todos los aspectos internéticos de su "Departamento de Marketing" y su "División Publicidad".

Dependiendo de su producto o servicio, una opción a tener en cuenta es la de publicar un aviso publicitario pago. Recomiendo tres tipos de medios: medio impreso, página web con mucho tráfico, por ejemplo páginas de actualidad y noticias, y programas de radio. Cuando se hace en varios medios simultáneamente, eso se llama campaña publicitaria, y puede tener una duración limitada o ser continua en el tiempo. Para el diseño de su campaña le recomiendo trabajar mano a mano con un publicista. Él le ayudará a diseñar su estrategia: el mensaje, el presupuesto y el tipo de medios en los que le conviene anunciar.

Un concepto básico en publicidad es que la mejor es el método "de boca en boca". De a poco irá aprendiendo a hacer funcionar sincrónicamente todas sus vías publicitarias: quizás su página web no cree tráfico, a menos que sea una página de contenidos dinámicos. Al entregar su tarjeta, invite a la persona a visitar su web, para enterarse mejor de lo que usted ofrece o vende. Esa página es su "cédula de identidad" profesional digital. Lo mismo debe ocurrir con el aviso publicitario, en el que la dirección de su página web debe aparecer enfatizada.

3 | Relaciones Públicas

Si bien es cierto que las relaciones públicas incluyen todas las formas comunicacionales de las que se vale una empresa para darse a conocer, incluida la publicidad, por lo general se refiere a las técnicas de comunicación masiva no pagas. En especial encuentros formales e informales, presentaciones en convenciones como oradores o panelistas, y en medios de comunicación como entrevistados expertos. Puede incluso generar un evento mediático, como el lanzamiento de un producto o la presentación de un libro, a las cuales invite a la prensa especializada. En ese caso, no olvide fotografiar y filmar su propio evento, para incluir el video en su página web, junto con su propia crónica o comentario.

Es importante cultivar la técnica de las relaciones públicas, y dedicar parte del esfuerzo a "regalar" tiempo y trabajo que nos brinde una amplia exposición y posicionamiento. Llegado a cierto nivel, también es aconsejable considerar la contratación de un profesional de relaciones públicas. Debe elegirlo muy cuidadosamente, pues el modelo de negocio de éste es el cobro de una mensualidad fija llamada *retainer*, sin poder garantizarle, no obstante, una cantidad mínima de apariciones en los medios.

4 | *Networking*: el trabajo en red y sus secretos

Bueno, en realidad no tiene tantos secretos, pero es un título atractivo, ¿no es así? Incluso al contrario, quizás el *networking* consista precisamente en anular todo ese secretismo que caracteriza la jungla oficinezca:

ser uno mismo, ser franco y honesto con el entorno, anular toda suspicacia y ser colaborativo y solidario de verdad, sin agendas ocultas, más que la ayuda mutua con el deseo compartido de progresar.

El *networking*, el trabajo en red, se ha convertido en el nombre del juego del nuevo paradigma laboral. Consiste en trabar relaciones con una gran cantidad de gente, relaciones que se sabe de antemano que son tanto personales como laborales. Al intercambiar información, ideas y contactos, unos ayudan a otros a obtener trabajos, clientes, asociaciones y conocimientos, sin esperar nada a cambio en forma directa.

El principio es que, de ese modo, mi "marca" es la de alguien que es fuente de conocimiento, contactos y ayuda, y al que vale la pena ayudar a su vez. Es una técnica de permanente *win-win*: todos ganan. Además, lo digo por experiencia, da un enorme placer psicológico y espiritual el saber que a alguien le va bien gracias a la ayuda que uno le ha prestado. Disculpe si soy reiterativo, pero ¿no es un principio diametralmente opuesto al que rige la vida laboral en una organización basada en el empleo asalariado y escalafonado?

Tan central y vital es el *networking* para la vida del profesional autónomo, que existen empresas y organizaciones dedicadas a ello. Un ejemplo es la internacional BNI, que organiza reuniones conservadoramente estructuradas de *networking*. Cada participante paga una cuota por pertenecer a este verdadero club, y el guión es fijo: en el encuentro, cada participante tiene un minuto para presentar su negocio o actividad; luego, un solo participante por reunión tiene derecho a diez minutos para ampliar acerca de su servicio o producto. Luego, una enorme copa recorre la mesa, y cada participante coloca uno o más papelitos con derivaciones de prospectos para otros compañeros allí reunidos.

En la semana, por rotación, los miembros se citan a reuniones de uno a uno para ver la posibilidad de un trabajo conjunto, intercambiar ideas, contactos, clientes, servicios, etc.

Allí las reglas de juego son estrictas. El recién ingresado recibirá derivaciones de sus compañeros a los pocos encuentros. Pero si no deriva a su vez y esto dura varias sesiones, sus compañeros dejarán de conseguirle clientes y, eventualmente, quedará fuera del grupo. A la pregunta natural: "¿Cómo voy a participar en algo así, si no conozco suficiente gente a la cual recomendar servicios de otros?", la empresa tiene la respuesta, en la forma de talleres y capacitaciones sobre cómo "pensar *networking*" o "pensar BNI" en nuestro día a día.

Pero aun si no participa de estos u otros modos formales de *networking*, incorpore esta sana filosofía a su trabajo de marketing y a su vida cotidiana. He aquí un decálogo posible de los principios del buen *networking*:

1. **Sea genuino y auténtico**, cree verdadera confianza en sus relaciones, viendo ante todo de qué manera puede ayudar a otros.

2. **Por otro lado, conserve un mínimo de sentido estratégico** a la hora de dedicar su tiempo al *networking*. Si va a eventos formales de *networking*, elija bien cuáles serán los que le redunden en mayor beneficio y ayuda.

3. **En dichos eventos formales, pregúntese si reina en el grupo un verdadero espíritu de ayuda mutua,** y si está siendo liderado de manera sana, abierta y productiva. Asista a varios grupos antes de decidirse por uno. Muchos de ellos permiten hasta tres visitas sin compromiso antes de incorporarse.

4. **Haga trabajo voluntario,** incluso en puestos de liderazgo. Esto no es muy fácil de hacer para profesionales autónomos, que necesitan dedicar todo su tiempo y energía mental a generar ingresos. No lo considero vital, pero es de gran valor, si quiere ser visible como una figura positiva y relevante en su comunidad.

5. **Aprenda a ser un buen conversador**, ya sea de trivialidades (lo que en inglés llaman *small talk*), o de temas relevantes al encuentro. En muchas situaciones, la "charla trivial", lejos de ser banal, es una herramienta importante para iniciar una relación. He aquí la clave para quienes creen que no son buenos conversadores: haga hablar a su interlocutor. No sólo estará creando una conversación amena, sino que demostrará ser una persona empática y abierta. Ya sea en reuniones sociales o profesionales, haga preguntas abiertas, del tipo qué, quién, cómo, en contraposición con las cerradas, cuya respuesta es sí o no. Las primeras abren la conversación, y muestran a sus interlocutores que

realmente está interesado en ellos. Sólo entonces, cuando haya obtenido información y haya generado química por medio de la escucha activa, podrá hacer saber a su interlocutor quién es usted de un modo relevante.

6. **Conviértase en un valioso recurso para otros.** Al lograr posicionarse como tal, la gente recordará recurrir a usted en busca de contactos, consejos, sugerencias, ideas, etc. Brinde todo ello con generosidad. Además de darles beneficio a sus receptores –y un gran placer a usted- esto lo mantendrá públicamente visible.

7. **Tenga bien en claro qué es lo que hace** y vende, y qué lo hace diferente y especial respecto de otros que se dedican a lo mismo. En marketing llamamos a eso: ventaja competitiva.

8. **Sea capaz de expresar lo que está buscando** y de qué manera otros pueden ayudarlo a usted. Muchas veces ocurre que frente a la pregunta "¿Cómo puedo ayudarlo?", no se tiene una respuesta inmediata y clara.

9. **Cuando le deriven un cliente, contáctelo de inmediato.** Es que, ¿sabe usted?, alguien ha hecho un significativo esfuerzo por ayudarlo, y la manera en que usted reaccione construirá también su imagen. Respete y honre la ayuda y al ayudador, y así sus derivaciones y clientela crecerán.

10. **Vuelva a encontrarse.** Luego de una situación de *networking*, formal o informal, haga un seguimiento de la relación con aquellos que pueden beneficiarse de sus servicios y viceversa. Expréseles el gusto que ha tenido en conocerlos, e invítelos a reunirse para intercambiar ideas. Hoy en día tales reuniones se pueden efectuar por computadora, por medio de Skype y sus variantes. Aprenda a usar estas aplicaciones.

5 | Facebook, Twitter y LinkedIn, esos monstruos tan temidos

Un subapartado propio merecen las redes sociales que constituyen la forma más contemporánea de hacer *networking.*

Empecemos por decir que no está obligado a usarlas. Si siente que ya son demasiados cambios, tanto en sus patrones de pensamiento como en lo tecnológico, puede dejarlo para más adelante sin sentirse mal por ello.

Pero quizás quiera animarse. Si no está habituado a la tecnología, pídale a un amigo, a un hijo o a un nieto que lo ayude. Esa no debe ser la traba. Después de todo, las redes sociales son una herramienta más para hacer *networking*, con los mismos principios descriptos en el apartado anterior. Ventaja: una exposición muchísimo mayor. Desventaja: el contacto es menos personalizado.

Las redes sociales como Facebook y Twitter le darán una exposición rápida ante muchísima gente, y lo ayudarán a posicionarse como formador de opinión y como alguien dispuesto siempre a escuchar y ayudar. Es el espacio para hacer amigos y pasarla bien, compartiendo pensamientos, fotografías, enlaces a sitios interesantes, videos, imágenes, historias, aficiones e intercambio de ideas. Es también el lugar para hacer circular información y llamados a la acción: desde donaciones para alguien que requiere de una operación urgente hasta salir a la calle a manifestar. Pregúntele si no, a Hosni Mubarak, expresidente de Egipto, qué le ha hecho a su vida la red Facebook…

LinkedIn, en cambio, es un espacio de *networking* profesional explícito, equivalente a las empresas tipo BNI en el mundo de carne y hueso. También la red Facebook ha abierto una red diferenciada llamada Branch Out, que funciona con una dinámica similar a la de LinkedIn. Y Google ha lanzado "Google+", para competir con Facebook. Al momento de escribir estas líneas no queda claro cuál habrá de ser su grado de éxito.

Es decir que las posibilidades se multiplican. A menos que tenga mucho tiempo, no se enloquezca inscribiéndose en todas. No podrá mantener a todas actualizadas todo el tiempo y puede llegar a sentir que son una carga en lugar de un pasatiempo. Haga dieta de redes sociales – redúzcase en un principio, digamos, a Facebook y LinkedIn solamente- si no quiere verse todo el día inmerso en ellas. Las redes deben ser un hobby placentero para su tiempo libre y una vía más para hacer relaciones públicas, no su ocupación principal.

Lo más importante es que no confunda los géneros. Como dice un especialista en redes sociales, éstas son "para enamorar, no para vender". No intente vender u ofrecer sus productos y servicios a la gente en el área de contactos personales en Facebook. Por lo general no será bien visto.

Tip metodológico: haga contactos en Facebook, pero genere el encuentro profesional fuera de esa red, para continuar el trabajo de *networking* o de venta. Aún cuando sea un encuentro a larga distancia, el siguiente contacto con alguien con el que usted está interesado en trabajar, o al que usted considera un prospecto, debe ser por teléfono o por Skype, no dentro de la misma red. Es cambiar de ambiente y llevar la relación a otro nivel, creando un clima de: "ya nos conocemos de otro lado, la confianza ya está creada; ahora avancemos, hablemos más profesionalmente y al grano".

6 | Ventas, ventas, ventas

He dejado la "División Ventas" para el final de este capítulo, no por casualidad: si tuvo paciencia de leer hasta aquí, ya debo haberlo convencido de que vender es sólo una parte de su trabajo de marketing. Es más importante, por ejemplo, crear una buena red de contactos que le deriven clientes, o un website y un blog que lo presenten como una autoridad en su área, que saber hacer un buen "cierre" de venta.

Es más. Hoy en día, más que vendedores inteligentes, existen compradores inteligentes. La mayoría de la gente –y piense en usted mismo– entra en los negocios o llama a prestadores de servicios sabiendo ya exactamente lo que quieren, y habiendo hecho previamente un buen estudio de mercado. En general llegarán a usted porque alguien lo ha recomendado, y cerrará el trato dejándolo a usted con la agradable sensación de no haber hecho ningún esfuerzo de venta.

Sin embargo, sepa que lo ha hecho. No por casualidad su conocido o amigo lo han recomendado. No por pura suerte la persona llegó a usted, lo conoció y decidió comprarle o contratarlo: algo tuvo que haber hecho usted. Lo hizo con su actitud sincera, con un buen precio, con la creación de una buena relación con el recién llegado, transmitiéndole la sensación de que está en buenas manos, llegando temprano a la cita, con su cuidada apariencia. Y eso, todo eso... ¡es vender!

De todos modos, algunas notas para la venta en la nueva era, y sobre la técnica de la venta, habré de dejarle. (Es que, como buen vendedor que soy, no quiero que sienta que se va con las manos vacías...)

a. Vender es intercambiar beneficios

El miedo que provocan las ventas surge de la sensación, que nos han inculcado desde niños (como tantas cosas que nos han enseñado mal), de que vender es igual a engañar. Entrénese en cambiar también ese chip: vender es intercambiar beneficios para el bien de todas las partes involucradas. Usted tiene algo que es de valor para otras personas. Enorgullézcase de ello, y brinde su producto y su servicio con amor al prójimo. Recuerde que usted no vende sólo un producto, sino el valor que éste representa, junto con la vivencia de compra, que es este encuentro único e irrepetible con su persona. El dinero que usted cobra es el merecido beneficio por otro beneficio que usted entrega.

b. No venda; asesore

Una compañía de alta tecnología israelí necesitaba traducir un nuevo mundo virtual infantil del inglés al español. Me pidieron también que los ayude con un nombre que fuera "marketinero" y adecuado a todos los públicos de habla hispana. Les dije: "Lo siento, pero yo soy traductor. Para el nombre les conviene invertir en un *copywriter*". De más está decir que esta simple actitud veraz me deparó un cliente fiel.

El comprador de la nueva era busca soluciones, más que productos a comprar ciegamente. Por eso le decía en el capítulo sobre Viabilidad Comercial que, a la hora de definir su producto, lo haga por el beneficio que éste redunda. A la hora de vender, explique, asesore, ofrezca variantes de solución al problema que aqueja al cliente. No dude en recomendar el producto más barato si eso es lo adecuado, o incluso en descartar una venta. Obviamente, lo ideal es generar una solución que sorprenda al cliente. Para ello:

c. Escuche más, hable menos

Los manuales de venta recomiendan no hablar más de un 45% del tiempo del encuentro con un prospecto. El resto debe estar dedicado a escuchar. Más allá de estos porcentajes, la escucha es la herramienta primordial del buen vendedor de hoy, mucho más que la mitológica "capacidad de persuasión". Escuche activamente, entienda internamente el problema y la necesidad de su cliente potencial. Sólo luego ofrezca las soluciones en su haber. Obviamente tener argumentos de venta preparados ayuda a vencer las resistencias. Pero no podrá utilizarlos eficazmente si no se ha conectado de verdad con el cliente y sus problemas.

d. Conozca la dinámica de la venta

Una vez que ha comprendido que la venta es un encuentro humano mediante el cual puede usted hacer el bien a otros (es decir, una vez que ha logrado vencer el miedo a ser visto como una criatura despreciable, pervertida e inmoral…), no está de más conocer el proceso de venta y sus fases. He aquí un esquema básico:

Fase I: Apertura

Contacto, creación de ambiente por medio de la charla trivial (*small talk)*, generar una relación humana y una buena química con el cliente. Lejos de lo que se cree, esta etapa es la definitoria: a la hora de ir "al grano" de lo que se quiere intercambiar, el cliente ya ha comprado… lo ha comprado a usted.

Fase II: Presentación

A esta altura, la venta de usted mismo como producto ya está hecha. La presentación en sí de lo que usted desea vender es una continuación del *small talk* iniciada en la fase de apertura. Lo que sigue es un proceso de preguntas y escucha activa, intercalada con explicaciones breves de sus propuestas, seguidas de más preguntas. Ello le permitirá:

- Reforzar la relación con el cliente.
- Conocer a su cliente y su modo de pensar.
- Colocar al cliente como centro de la presentación.
- Identificar sus necesidades, sus principios, sus deseos, y sus sentimientos.
- Permite al cliente llegar por sí mismo al beneficio que obtendrá de usted.

Fase III: Comenzar a "cerrar"

Aquí llegamos a las famosas "resistencias". Esto es lo que asusta de verdad al vendedor que se inicia. Primero, sepa diferenciarlo del "no". Cuando el prospecto le dice que no está interesado, todo lo que puede hacer usted es preguntar amablemente por qué. Si la respuesta es: "Porque no y punto", el buen vendedor sabrá entender y se despedirá educadamente. Es lo que le recomiendo a usted hacer con los vendedores telefónicos cuando de verdad no está interesado en el nuevo y revolucionario seguro de vida...

Si es usted el vendedor, sepa aceptar el "no". No se lo tome como algo personal, que no es con usted la cosa.

Si le dan una razón, en cambio, se trata de una resistencia. Con ella podemos trabajar. La resistencia expresa un miedo y, a la vez, una confianza tácita en que usted podrá ayudarle a resolver un problema.

Tanto si se trata de un problema de precio, o de dudas sobre la calidad del producto o servicio, lo mejor es "desarmar" al cliente con una frase empática que lo coloque a usted del mismo lado que él. El objetivo es que ya no se trate de un forcejeo, sino de dos personas intentando hallar juntas la solución a un problema. Convertir la situación de enfrentamiento en otra de trabajo en equipo.

Primero, pídale que amplíe, que diga todo lo que tiene dentro, y escuche con atención. Sólo si escucha –en lugar de oponerse y luchar en su mente contra el "peligroso" oponente- podrá ayudarlo a resolver el problema con información correcta que usted le aportará.

Luego, puede implementar la siguiente técnica. Los maestros la llaman: "Siente, sintieron, descubrieron". O sea: 1) Sé como se siente, 2) yo mismo u otros han sentido lo mismo que usted, 3) pero al comprar (o usar nuestro servicio) descubrieron que..." Funciona más o menos así:

- La colonia de vacaciones que me ofrece para mi hija no es lo más conveniente.
- **¿Podría ser más específica, señora? Me es muy importante lo que me pueda decir.**
- Dése cuenta, mi hija es muy activa, y ustedes siempre mantienen a las niñas sentadas haciendo manualidades. Eso no los pinta como muy serios que digamos y, además, mi hija sencillamente se aburriría.

- Sí, la entiendo perfectamente, esos fueron justamente los miedos de algunos padres que habían escuchado eso, y ya sabe cómo es lo de "hazte fama". Los padres que confiaron en nosotros el año pasado se encontraron con una colonia totalmente distinta, con muchas horas de piscina, actividad física y excursiones. Las horas de manualidades son en realidad de artes plásticas, con una artista y docente muy prestigiosa. La invito a entrar en nuestra página web, donde hemos publicado el programa día por día.

La conversación imaginaria sigue con la técnica de las "Preguntas para el sí". La idea es generar respuestas positivas en el prospecto. Crean asentimiento, confianza, y autoconvicción en el propio cliente.

- ¿A su hija le gusta nadar y jugar en el agua?
- Hemos incorporado nuevos líderes de colonia con título secundario en educación física. ¿Le inspirará más confianza si se los presento en la reunión que haremos el próximo domingo a las 20.00 hs. en nuestra sede?
- ¿Se sentirá más tranquila si le digo que puede arrepentirse incluso hasta los tres primeros días de colonia, con reintegro completo del arancel?

Fase IV: "Cierre" propiamente dicho

Identifique señales de aceptación... y ¡concrete! Muchos vendedores cometen el error de seguir argumentando y convenciendo, aún cuando el cliente ya ha comprado. La aceptación de la compra no vendrá usualmente en la forma de: "Sí, compro", sino como señales más sutiles. Puede ser incluso a través de un cambio en el lenguaje corporal.

A una frase de esta madre preocupada del tipo: "Sí, lo bueno que tendría su colonia, sinceramente, es que muchas amiguitas del colegio también van", un mal vendedor seguiría explicando que las compañeritas de la nena la pasaron excelente, que volvían todos los días contando aventuras, "y no me crea sólo a mí, hable con las otras madres", etc.

Un buen vendedor, en cambio, cerraría el trato sin dudar más, por medio de "preguntas con opciones". Respondería: "Sí, las chicas del colegio Sta. Margarita, divinas. Ellas viajan en nuestros autobuses.

¿Querría llevarla y traerla usted misma a la nena, o se servirá también de nuestro servicio de transporte? Pasaríamos a las 7.30". Se resuelve el tema logístico, y la próxima pregunta será: "¿Prefiere llenar el formulario y pagar con tarjeta de crédito en nuestro website, o darnos hasta tres cheques diferidos? Si lo hace hasta pasado mañana le corresponde un 5% de descuento, y otro 10% si son dos hermanitas."

Es decir, el cierre consiste en darlo por hecho. A través de preguntas abiertas que dan al cliente opciones acerca de servicios agregados, color del producto ofrecido, accesorios adicionales, forma de pago, lugar de entrega, la discusión ya no es si la operación se concretará o no, sino de qué manera lo hará. Las preguntas abiertas ayudan al cliente a ingresar emocionalmente en la situación de compra sin sentirse forzado, y lo invitan a diseñar su propia "vivencia de compra", sintiendo que es él el que define qué, cómo y cuándo.

Lo único que he introducido como presión en el ejemplo, es el factor tiempo. Lo ideal es que la señora pague ya mismo por la colonia, por eso del descuento, o porque mañana confirmaban dos niñas más que completaban el cupo, o por lo que sea. De nuevo, lejos de pensar que eso "engaña" al cliente, debe verlo como una ayuda a decidir por algo de lo que éste, al desarmar junto con el vendedor sus propias resistencias, ya está convencido.

Es como cuando, como padres, ayudamos a nuestros hijos a decidirse "ya" a saltar del trampolín al agua, "porque hay otros niños esperando detrás". O a que acepte darse de una vez esa vacuna, "porque así no deberemos volver mañana a la clínica en lugar de ir a la playa".

Bueno, de esto quería hablarle desde un principio: todos somos vendedores, y lo practicamos con un sorprendente profesionalismo en nuestra vida cotidiana.

Ahora, como ejercicio, busque situaciones de la vida diaria en las que usted "vende". Verá qué habilidoso es...

CAPÍTULO VII

La riqueza es un proceso... y comienza hoy

1 | Dinero y moral

Hasta aquí hemos visto cómo pasar de asalariados a independientes, e incluso a pequeños empresarios. Recuerde, eso sí, que las grandes empresas comenzaron siendo también pequeños emprendimientos, así que no se limite en su planificación y en su visión.

La transición a independiente le resuelve a usted el problema de la vida laboral. Sin embargo, ha llegado la hora de decirle que considero que todo ello es sólo una parte. Quizás la primera y fundamental. Pero el Segundo Pilar puede ser más alto: el éxito material, mental y espiritual en la vida, del que le estoy hablando, es que pueda usted llegar a ser rico. Ni más ni menos.

No le estoy hablando de la riqueza espiritual. Para ello se han escrito suficientes libros y están muy bien, pero no me necesita a mí para ello. Tampoco le estoy hablando de las recetas que proponen millones de sitios en internet bajo el lema: "¡Hágase rico hoy!", que en su mayoría son trampas cazabobos. Obviamente, si ese fuera el caso, este capítulo también estaría de más y no traería ninguna novedad.

Le estoy hablando, en cambio, de pensar e instrumentar la riqueza de un modo práctico, y sin embargo diferente: la riqueza como proceso, y no como estado. Y dado que es así, realmente puede usted comenzar hoy. Pues estar en el proceso, que implica un comportamiento financiero determinado, implica, desde este punto de vista, comportarse como rico y, por lo tanto, serlo. Cuidado, no me refiero a lo que "creemos" que hacen los ricos, sino al verdadero comportamiento de éstos.

Tampoco reniego del pensamiento positivo como creador de realidad. Al contrario. Ya hemos visto que podemos utilizar nuestra mente como un poderoso instrumento, al que podemos orientar por medio de herramientas cognitivas como los "anteojos de colores". Nuestra mente actúa como motivador y decodificador de la realidad, y puede ayudarnos a controlar nuestro camino, viendo en cada situación no sólo las amenazas, sino también las oportunidades. El único problema de ciertos métodos mentales es la apelación a una especie de "pensamiento mágico", por el cual si usted se imagina a sí mismo manejando un Jaguar, el ansiado automóvil llegará a su poder por caminos misteriosos. No es la fe lo que está mal, sino la no toma de responsabilidad por el propio destino.

Yo le propongo un camino diferente. Ciertamente recomiendo utilizar las diversas técnicas de control mental. Visualice sus objetivos y busque en ellos su motivación. Tenga el Jaguar como faro, pegue con imanes –si esa es su meta- una foto del coche en su heladera. Reprograme su mente con frases optimistas y operativas a la vez, del tipo: "Yo puedo", "Yo me merezco...", pero también: "Yo haré...". Hágalo incluso en estado meditativo, relajándose y visualizando en su mente a qué logros quiere llegar. Piense en ello antes de dormirse, que es el momento en el que puede influir en su subconsciente.

Al mismo tiempo, aprenda a utilizar las herramientas laborales y financieras que le permitirán trabajar sin descanso, *usted mismo*, para conseguirlo. El Universo, o Dios, pueden obrar milagros, si usted tiene fe. Pero desde esa misma perspectiva, el Universo y Dios lo necesitan a usted como socio y co-equiper. No se deje estar detrás de una plegaria.

Antes de empezar, le propongo el siguiente ejercicio: tome una hoja o un cuaderno de notas, y escriba todas aquellas frases que le decían en su niñez acerca del dinero. Como ayuda guía, vayan estas cuatro clásicas:

1. "El dinero no hace la felicidad".

2. "Quien inventó el dinero, destruyó la libertad".

3. "Hay gente tan pobre, que lo único que tiene es dinero".

4. "El dinero, como las olas, vienen y van".

¿Cuáles son las frases relativas al dinero, con las que usted se crió?

Poco antes de escribir este capítulo me llegó por Facebook el siguiente cuentito:

> *"Un hombre rico le entregó una canasta de basura a un hombre pobre, el hombre pobre sonrió y corrió con la canasta, la vació, la lavó, la llenó de flores y se la dio de regreso... El hombre rico se asombró y le preguntó: '¿Por qué me has dado flores, si yo te di basura?' El hombre pobre dijo: 'Porque cada uno da lo que tiene en el corazón...'"*

A pesar de todas estas creencias tan arraigadas y negativas sobre el dinero y la riqueza, todos declaramos sinceramente que queremos tener más dinero, y soñamos con ser ricos. O, como mínimo, "no tener que pensar en el factor dinero cuando deseamos o necesitamos alguna cosa". También anhelamos "dejar a mis hijos un legado, que les haga la vida más fácil de lo que me resultó a mí". Objetivos nobles si los hay.

Pues bien, ¿cómo vamos a lograr enriquecernos o prosperar, por el método que sea, si tenemos lo que yo llamo este "pensamiento esquizo-frénico" sobre el dinero, por un lado odiar el dinero y a los ricos, y por otro querer tenerlo y ser como ellos? No existe modo alguno de que podamos aumentar nuestro patrimonio si pensamos que tener pose-siones y dinero es ser mala persona, ser un infeliz y tener el corazón lleno de basura...

No se preocupe, no es su culpa. Tampoco la de sus padres. Por generaciones nos han educado –más bien programado– para ser buenos empleados, buenos trabajadores, y para pensar que los patrones y los ricos son malvados y explotadores. Es cierto, algunos empleadores son inmorales, tal como hay inmorales en todos los sectores de la sociedad. Conozco a más de un trabajador con un comportamiento moral franca-mente delictivo, y a muchos empresarios con corazón de oro.

Pero nuestras programaciones de infancia son más fuertes, sencilla-mente porque estamos en una sociedad que fue diseñada para producir más empleados que empresarios. Se nos ha educado, desde la escuela primaria hasta la universidad inclusive, para el trabajo duro en nuestro empleo, y para ascender en la escala de una organización que nos paga un salario.

El problema es que se ha producido un desfazaje: por un lado, los países están generando menos empleos que gente, y las grandes organizaciones y corporaciones ya no nos pueden brindar seguridad; por otro lado, no obstante, las programaciones respecto del trabajo y el dinero siguen intactas: nos siguen educando para que pensemos que trabajar para otros es más seguro, es más honesto y está bien, y que tener dinero está mal, es ser malvado, corrupto y amargado. Así no podremos avanzar en el cambio de era. No romper esa programación es lo que nos torna, hoy, más vulnerables que nunca.

Pues bien, ¿qué hacen los ricos? En nuestra programación tradicional, el hombre rico se nos aparece como viviendo siempre la buena vida, lo que mi abuela llamaba: el *dolce far niente*. Nos lo imaginamos siempre en una piscina de natación con anteojos de sol y bebiendo un cocktail margarita, tomando a una bonita mujer en bikini por la cintura (porque el rico, olvidaba, es siempre hombre) luciendo un Rolex de oro en la muñeca que abraza a la dama. Lo vemos luego tomando su jet privado a Montecarlo, donde pasa sus mejores horas jugando en el casino, rodeado por damas (otras) que festejan sus bromas y sus éxitos con los dados, mientras su esposa no hace más que recorrer los grandes centros comerciales de París y Milano comprando toneladas de prendas y joyas de última moda... con la tarjeta de crédito de su marido, que paga así sus remordimientos por un matrimonio absolutamente desastroso.

Sin negar que existen personas que hacen todo eso, el problema con esta imagen es que eso es todo lo que creemos y sabemos acerca de los ricos. De nuevo, el problema no son ellos, sino nosotros. El problema, también, es que pensamos siempre en los ricos en términos de "ellos" y "nosotros": creemos que los ricos son siempre otros. Nunca podremos ser prósperos si pensamos que se trata de personas que jamás serán nosotros...

Los ricos bien entendidos, en realidad, hacen otra cosa: viven en un proceso de enriquecimiento, del modo que describiré más abajo.

2 | La *Riqueza como Estado* es relativa

Volvamos a la historia de los dos mendigos en Nueva York que le contaba al principio de este libro. El que no tiene la frazada se quiere parecer al que la tiene, y no al ricachón que se las arrojó desde su limusina en movimiento. Es lo que ocurre en todos los estratos sociales. El rico dueño de la limusina no está contento con no ser uno de los mendigos, sino que está ansioso por superar a sus propios pares, con los que compite.

Nadie se siente rico en su estado por una razón psicológica: nos acostumbramos a nuestras posesiones y a nuestra situación económica actual, a la que damos por sobreentendida, sin que esta situación, cualquiera sea, cumpla la supuesta promesa de hacernos sentir ricos y felices.

Lo cierto es que siempre –y subrayo: siempre- tendremos más que unos, y menos que otros. Por lo tanto, el sentirnos ricos es tan subjetivo, que el serlo se convierte en una cuestión de decisión interna.

Ejemplo personal: yo, como prácticamente todo el mundo, no me siento rico. Pero cuando hace algunos años mi hijo pequeño me preguntó: "Papi, ¿nosotros somos ricos?", sin dudarlo le dije: "Sí, por supuesto". Luego le expliqué lo que le digo a usted ahora: "La mayoría de las familias en el mundo no tienen automóvil. Nosotros tenemos el nuestro. La mayoría de las familias en el mundo no tienen computadora en sus casas; nostros tenemos tres: la que compartes con tu hermana, la de tu hermano más grande, y la de tus padres". Obviamente, él se fija en sus compañeritos del colegio, algunos tienen dos coches y una computadora que no deben compartir con su molesto hermanito menor. Yo no quise enfrentar a mi hijo con la realidad más cruda aún, pero en un mundo donde no todos los seres humanos comen todos los días... ¡dígame si no son problemas de ricos!

Pues bien, dado que nadie se siente verdaderamente rico, pues siempre habrá alguien que lo es más, usted puede dejar de comparar, pues la *Riqueza como Estado* es tan relativa, que pasa a ser una cuestión irrelevante. La pregunta no es cuánto patrimonio tiene usted, sino: ¿está creciendo usted patrimonialmente respecto de lo que *usted* tenía antes (y ya no respecto de lo que tienen los demás)? ¿Está usted construyendo una fortuna, no importa de qué tamaño? ¿Está ahorrando y generando ingresos pasivos? Para entender lo que hacen los ricos de verdad, acompáñeme a una fabela de Río de Janeiro.

3 | Joao, el "pobre" de la fabela

Joao es considerado "pobre" porque vive en una hacinada fabela en Río de Janeiro. Trabaja como lavacopas en un restaurante, es buen trabajador y el dueño le paga con gusto su salario. El joven incluso recibe parte de las propinas, pues el personal ha decidido repartir las de los camareros por igual entre todos los empleados. Joao pide a su patrón pasar a otros puestos, quiere ser camarero y luego cajero. Quiere aprender y crecer.

Joao, además, ahorra parte de su salario, más exactamente un diez por ciento. Sabe al dedillo cuáles son sus gastos, y es capaz de regularlos si las propinas bajan. Pasados unos años ya puede invertir su ahorro en un puesto de venta de queso caliente y jugos en la playa, que le permitiría mudarse a una casa de material fuera de la fabela. Pero Joao no se apura a mudarse. Sigue ahorrando para capitalizarse, y hace crecer su negocio abriendo nuevos puestos de venta donde pone a trabajar a sus hermanos.

Cinco años después, sus puestos de venta se han convertido en pequeños restaurantes playeros de jugos, quesos calientes y otras exquiciteses clásicas de las playas de Río. Sus hermanos dirigen las sucursales, tienen vendedores elegidos escrupulosamente, e incluso han logrado permisos para construir puestos de material sólido, en lugar de madera y tela. Un año después, cuando dan las cuentas, pone mesas y sillas plegables. Sólo entonces decide que puede mudarse de casa. Haber postergado el aumento en la calidad de vida le permite hacerlo sin que su capacidad de ahorro disminuya, pues Joao ha decidido estratégicamente que siempre deberá poder ahorrar un diez por ciento de sus entradas. Con este ahorro, que cada vez es mayor, ha decidido que él y sus hermanos completarán sus estudios secundarios en una escuela comercial para adultos. En una de ellas conoce a Gisela, con la que se casa cuando ambos obtienen su título de bachillerato. Doble festejo.

O triple. Porque Joao, el "hombre pobre" de la fabela carioca, es en realidad un hombre rico, pues vive en la *Riqueza como Proceso*. ¿Puede usted ver dónde estarán él y Gisela dentro de diez años? ¿Y dentro de veinte?

Pues bien. No importa su punto de partida, usted puede hacer lo mismo comenzando hoy. Si pusiéramos la *Riqueza como Proceso* en términos gráficos, luciría más o menos así:

Capacitación	➡	Trabajo	➡	Ahorro del 10%	➡	Inversión

Si este libro ha llegado tarde a sus manos, y ha caído en deudas, tal como le ocurrió a este autor y a tantos millones de familias en el opulento mundo occidental, tendrá que agregar otra fase en el proceso de enriquecimiento: la "Salida de la Zona Roja". Su *Riqueza como Proceso* lucirá entonces así:

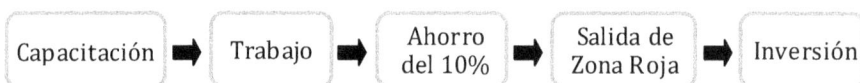

Capacitación	➡	Trabajo	➡	Ahorro del 10%	➡	Salida de Zona Roja	➡	Inversión

No se trata de fases consecutivas, sino de momentos dinámicos de un proceso que se da simultáneamente. Es cierto que la clase media y alta envían a sus hijos a la universidad antes de trabajar. Pero ya vio a Joao. Él no pudo ir a la escuela ni a la universidad, pero aprendió todo lo que pudo durante su primer trabajo en el restaurante. Cuando estuvo en condiciones, completó sus estudios formales, sin dejar de trabajar, ahorrar e invertir.

4 | Julio, Leticia y la buena vida

Julio y Leticia se aman. Organizan un casamiento a todo lujo, y se van al Caribe de luna de miel, porque tienen un lema: "Se vive una sola vez". Con algo de ayuda de los padres y una hipoteca a 25 años se compran un apartamento de tres ambientes, incluyendo un dormitorio para los bebés que pronto habrán de nacer. Pero Julio trabaja de camarero en un bar cercano a la universidad, donde cursa estudios en Bioquímica, y Leticia es maestra jardinera.

No les alcanza el dinero para vivir, pero Julio tiene ahorros, que lo salvan cada tres meses de no poder pagar la hipoteca y de quedar en rojo en el banco. Al año nace el primer hermoso bebé, Matías. Ese mismo año, el dinero que Julio tenía ahorrado se acaba, así que piden un préstamo al banco. Ahora, además de la hipoteca, y del dinero que no alcanza, tienen que pagar un préstamo, con lo cual el dinero que ambos ganan alcanza menos aún. Pero siguen gastando sin pensar, en especial en Matías, porque "para los hijos está prohibido fijarse en gastos". Por ejemplo, ¿cómo no comprar la nueva cámara digital para filmar al bebé a toda hora? ¿Cómo no ir de vacaciones a la costa todos los años, como ambos lo han hecho toda su vida? La niñez de los hijos pasa demasiado rápido...

La historia es dolorosa: tres años después ya tienen cinco préstamos acumulados, a intereses altísimos. Julio abandona los estudios cuando nace Pamela, la segunda bebé, cuyo abnegado papá debe conseguir un segundo empleo con urgencia. Leticia cuidaba bebés por la tarde, pero al nacer Pamela tiene que dejar esa actividad, y también su empleo de maestra jardinera. Los padres de ambos los ayudan algunas veces, pero también ellos, todos jubilados, viven con lo justo. Un par de años después el banco deja de tolerar sus repetidas entradas en rojo, y bloquean su cuenta. La pérdida del apartamento por retraso en los pagos de la hipoteca, viene en camino.

De más está decirlo: Julio y Leticia, el matrimonio tipo de clase media que sabe vivir la buena vida, es en realidad una pareja de pobres. Si no hacen ajustes rápidos perderán también su casa, y el proceso de deterioro no hará más que agravarse.

La *Pobreza como Proceso* afecta a personas de todas las capas sociales. Basta con vivir en déficit acumulativo, no planificar, confiar en que "todo se va a arreglar" y hacer del "se vive sólo una vez" una ideología de vida. Gráficamente se ve más o menos así:

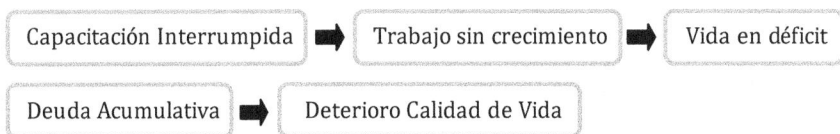

| Capacitación Interrumpida | ➡ | Trabajo sin crecimiento | ➡ | Vida en déficit |
| Deuda Acumulativa | ➡ | Deterioro Calidad de Vida | | |

Desde esta perspectiva, "volverse ricos" no tiene nada que ver con ganar la lotería ni con viajar en yate, sino con cambiar de gráfico. Es como bajarse del tren, porque íbamos por la vía equivocada, y subirnos a otro que va en la dirección correcta.

El sólo hecho de tomar la vida financiera bajo control, trazar un plan para salir del déficit y cumplirlo, ahorrar para salir de esa Zona Roja que es la deuda y luego comenzar a invertir, ya es saltar del circuito de la

Pobreza como Proceso, al otro más promisorio de Riqueza como Proceso.

Pasemos ahora juntos a la parte superior de nuestro Segundo Pilar, donde habitan los distintos componentes de la Riqueza vista como Proceso.

5 | La magia de ahorrar el 10%

En el libro "El hombre más rico de Babilonia" aparece la regla de oro de la Riqueza como Proceso:

Ahorre un 10% de todo lo que gana.

Eso es todo. Tan sencillo y tan difícil como eso. El consejo tiene maravillosas implicancias. Veamos:

a. Ahorrar el 10% implica vivir de acuerdo a un presupuesto

No puedo ahorrar un 10% de mis ingresos, si no sé cuánto estoy ganando y cuánto estoy gastando. Ahorrar el 10% implica que deberé vivir con un 90% de lo que gano. Y para hacerlo, tendré que invertir los términos de mi comportamiento financiero. En lugar de gastar lo que creo que necesito para vivir, y ver a fin de mes si "di en el blanco" de mi salario o si "me pasé", comience por definir cuál es el 90% de sus ingresos, y repártalo entre sus necesidades, de las más prioritarias a las menos.

Suena a verdad de Perogrullo, ¿cierto? Pero la realidad es que la mayoría de las personas se quejan de que "no llegan a fin de mes". El nivel de endeudamiento en los últimos años de millones de familias en Europa y Estados Unidos, la cuna del capitalismo y el progreso, es elocuente. Eso es por una razón muy sencilla: tienen un ingreso A pero viven según un presupuesto B, al que la vida los ha acostumbrado. El ingreso A es real, mientras que el B es lo que creen que pueden gastar, es decir, es un presupuesto ilusorio.

Vivir de acuerdo a un presupuesto, para la persona que no lo hace aún, es revolucionario. Lo es, porque se trata de vivir al revés de cómo lo venía haciendo. Es saber de antemano cuánto puedo gastar, y comportarme de modo férreo de acuerdo con ello. En millones de casos, será "bajar" en la calidad de vida, pero sólo al principio.

Aclaración: saber cuánto se gana es una obviedad sólo para los asalariados. El autónomo, para el que cada mes el ingreso es diferente, debe calcular un promedio, y sólo puede hacerlo tomando los meses anteriores, o incluso el año anterior. Y deberá hacerlo según el neto y no según el bruto, es decir, descontando los impuestos y gastos propios del negocio. La recomendación es llevar dos cuentas bancarias separadas, la familiar y la comercial. Todo el dinero que entra durante el mes estará canalizado a la cuenta comercial y, desde allí, nos pagaremos un "sueldo fijo" mensual, transfiriendo ese promedio calculado, mes a mes, a la cuenta familiar, no importa cuánto dinero haya entrado en la comercial. Si sobra dinero en ésta, tanto mejor, déjelo en la cuenta comercial junto con la suma para los impuestos: le servirá para poder seguir pagándose la misma suma en los meses malos.

El siguiente es un sistema básico para hacer un presupuesto y corregir el déficit. Agárrese fuerte, porque puede doler:

i. Diagnóstico

1. Tome una libreta pequeña, que pueda llevar en un bolsillo. A esta libretita la llamo "el plomero financiero", pues lo ayudará a detectar "goteras" de dinero que ni se imagina que tiene. En efecto, las familias que no se manejan según un presupuesto se sorprenden –más bien se aterrorizan- al verificar la brecha abismal entre lo que entra y lo que sale, una brecha muchísimo más grande de lo que imaginaban.

2. Anote en la primera hoja: "Ingresos:" y anote el número. Más abajo anote: "Gastos estimados:" y anote cuánto *cree* usted que gasta su familia a lo largo del mes.

3. En la próxima página haga una lista de todos sus ingresos mensuales: salarios, rentas, subsidios públicos, ayuda de parientes, no olvide nada.

4. A partir de la siguiente página, haga una tabla de tres columnas:

Fecha	Gasto	Suma
1.4	Alquiler	2000
1.4	Helado con los niños	25
2.4	Abono mensual en el Metro	68
2.4	Almuerzo en el trabajo	24
5.4	Peluquería Graciela	100
6.4	Regalo aniversario tíos	200
6.4	Estacionamiento fiesta tíos	15
6.4	Propina camareros fiesta	5
7.4	Mesada a los niños	30
8.4	Seguro médico	800
10.4	Préstamo banco, incluidos intereses	1578
10.4	Flores Graciela	50
10.4	Arancel banco	3,90
12.4	Rifa en el cole	10

Y así sucesivamente. No sé si fui claro. Anote todo. Desde el gasto fijo obvio, como el alquiler o el seguro médico, hasta esa propina o esa limosna que da al salir del bar, y de la cual se olvida tres segundos después. En el medio, sus compras, las de su esposa, las golosinas de los chicos, la cancha de tenis con los amigos y la bebida que se toman después del partido.

Ingrese todos los días en la página web de su cuenta bancaria y en la de la tarjeta de crédito. Anote lo que se le debita automáticamente, incluso los 3,2 que el banco le quita como aranceles administrativos y en los que nunca se había fijado antes; el gasto que hizo con tarjeta, lo que dio en efectivo. Todo. Es la única manera que tiene para saber dónde está parado. Este no es el presupuesto, sino su lista de gastos reales.

Haga este ejercicio por todo un mes y, el último día, anote el total. Es el total verdadero, ya no el cuentito de hadas que usted se contaba a sí mismo. Ahora siéntese. Compare este número con el de "Gastos estimados" que anotó en la página anterior de su libreta. Haga la resta. ¿Cuánto le dio? ¿Cómo se siente con el resultado?

Haga ahora la resta entre sus ingresos y este nuevo número que acaba de descubrir. Si es un número positivo, usted puede comenzar a ahorrar. De todos modos, haga el presupuesto como se lo propongo a continuación. Quizás pueda aumentar su capacidad de ahorro haciendo algunos ajustes.

Si el número es negativo, en cambio, el presupuesto lo ayudará a tapar las "goteras", pues ha comenzado a identificar por dónde le desaparece el dinero, y dónde puede comenzar a recortar. Algunos recortes serán obvios y fáciles (explíquele a Graciela, por ejemplo, que por este año no habrá más flores...) Otros, en cambio, serán dolorosos, y habrá que llevarlos a cabo por medio de sentidas asambleas familiares. Niños, por este año, adiós a la televisión por cables...

ii. El Presupuesto

En especial si está en déficit, siga con el método de la libretita. Será su termómetro, para que no se creen de repente nuevas goteras que le hagan perder el control. Le permitirá saber si está cumpliendo o no el presupuesto. Es molesto, claro, pero le hago dos acotaciones: la primera, el tener que anotarlo, aquí y allá lo condicionará psicológicamente para pensar dos veces antes de hacer el gasto. Es un comienzo de concientización financiera que evidentemente le falta.

La segunda acotación es algo más dura: ¡está usted bajo tratamiento! Tomar las pastillas para el colesterol una vez por día tampoco es muy cómodo que digamos. Estar en déficit financiero puede ser tan dañino para el hogar y para la vida como las enfermedades físicas. Ya nos habíamos puesto de acuerdo en que usted quiere cuidar y hacer crecer el dinero que con tanto esfuerzo gana.

1. Comencemos. En una tabla tipo Excel, haga una primera columna de los **gastos fijos** de cada mes, como hipoteca o alquiler, pagos del automóvil, seguros, etc.

2. Siga, en la misma columna, con la lista de los **gastos variables** de mes a mes, por ejemplo ropa, entretenimiento, etc.

3. En la segunda columna, a la que llamaremos "Suma Presupuestada", haga la asignación mensual a cada uno de los

ítems. Hágalo de acuerdo a sus necesidades, basándose en los gastos anotados en su libretita "plomera".

Si no tiene deudas, agregue al final un ítem muy importante: "Ahorro", y asígnele un 10% de sus ingresos, ni un centavo menos. Aclaración importante: los ítems "Seguro de Vida" y "Plazo fijo para imprevistos-previstos" (los imprevistos-previstos son gastos que sabemos que tendremos, sólo que no sabemos cuándo: arreglo del coche, tratamiento odontológico de los niños, cambio de colchón, etc.) no entran en este ítem, sino en el de "Seguros" y el de "Imprevistos" respectivamente. Es decir, forman parte del 90% y no del 10%.

Si en cambio tiene deudas, no agregue todavía el 10% de ahorro, pero mantenga lo más posible el fondo para imprevistos y su seguro de vida u otro aporte jubilatorio (si es que no se lo descuentan del salario).

A toda la columna asígnele la función "Suma" al final, y vea cuánto da. Tiene que darle como resultado una suma similar a la suma que obtuvo en la libretita.

4. Al compararlo con los ingresos, verá nuevamente que existe un déficit. Comience la dura tarea de ajustar gastos, trabajando sobre la columna de "Suma Presupuestada". Pero esta vez, será *antes* de que el dinero salga, en lugar de llorar su falta *después*, cuando "no llegue a fin de mes". Así que… ¡hágalo con alegría!

Bueno, está bien. Sé que le estoy pidiendo algo irreal. Esta es la etapa del dolor, de la preocupación, de fuertes discusiones con su cónyuge, que ya no podrá ir al gimnasio, sino que deberá salir a correr por la calle o el parque, mientras que usted no podrá jugar al póker con los amigos ni hacer por un tiempo esos grandiosos asados. Los chicos no irán a la piscina que iban siempre, sino que tendrán que conformarse con la piscina pública o con jugar con la manguera de agua en la vereda, como lo hacía usted cuando era chico (y no era por eso menos feliz). Entiéndalo de a poco, pero entiéndalo: si vive en déficit, no tiene dinero para todo eso. Sin embargo, si logra seguir el plan, lo tendrá con creces en el futuro.

Deberá recortar sus compras de supermercado. No habrá dulces, ni saladitos para el fin de semana, en lugar de tres quesos diferentes comprará uno solo, tal vez rotando cada semana. Algunos consejos importantes para el supermercado: 1) Bajo ningún concepto compre "stock", ni siquiera con esas tentadoras ofertas de 3 a precio de 2 que le llenan la casa de mercadería para uso futuro. No bajará su gasto –pues todas las semanas habrá otra oferta– y estará financiando usted al supermercado, cosa que no necesita en este momento. 2) No pague en cuotas. Llegue a la caja y pague con orgullo todo de una vez. El pago en cuotas es otra ilusión óptica que nos alivia sólo en la primera semana. Al mes siguiente tendremos la cuota de las compras del mes pasado y los de este. A los tres o cuatro meses tendremos un cúmulo de cuotas que igualarán o superarán –porque hemos perdido el control– las sumas que pagamos si lo hacemos de una vez. 3) No vaya con hambre. 4) No vaya con niños.

Tendrá que comparar precios de todo, consultar todos los sistemas de reducción de gastos de electricidad, apagando todas las luces y desenchufando los aparatos eléctricos a la noche. ¿Sabía que todas esas lucecitas rojas de los aparatos que quedan en *stand by* constituyen un 5% de su gasto de electricidad en proyección anual?

Podrá ahorrar agua, colocando canillas monocontrol, y gasolina utilizando un poco más el transporte público. De paso, estará contribuyendo al medio ambiente. Deberá cortar el cordón umbilical del celular, que le está costando una pequeña fortuna. Desde su casa hable por teléfono de línea, para empezar. Consulte permanentemente páginas de internet y revistas con buenos consejos. Hable con amigos que han pasado por lo mismo.

Existen métodos muy efectivos para la etapa de cumplir con el presupuesto. Uno de ellos es el "método de los sobres". Consiste en extraer del banco todo el efectivo correspondiente a los gastos variables, repartir los billetes en sobres etiquetados con el ítem y la suma asignada, y pagar de allí todos esos gastos. Si el dinero de un sobre se acaba, no habrá más gastos en ese ítem, hasta el mes que viene. Si queda, sirve para el mes siguiente. Está prohibido pasar dinero de un sobre a otro.

Volviendo a su trabajo de recorte, llegará un punto en que dirá: "No tengo más de dónde recortar", y todavía le faltarán mil dólares. Se agarrará la cabeza con las dos manos, porque no sabe cómo hacer.

Pero su tarea es implacable. Deberá lograr que sus gastos sean iguales a sus entradas.

Ejemplo de plantilla para presupuesto

Categoría	Suma presu-puestada	Cantidad mensual real	Diferencia entre presupueto y real
Ingresos:			
Sueldos			
Rentas			
Otros ingresos			
Subtotal ingresos			
Gastos:			
Hipoteca o alquiler			
Consumos: Gas/Agua/Electricidad			
TV digital / TV por cable			
Teléfono			
Reparaciones / Mantenimiento de la casa			
Pagos del coche			
Gasolina/Aceite			
Reparaciones del coche / Mantenimiento			
Otro transporte (autobús, metro, etc.)			
Guardería			
Seguro del coche			
Seguro personal / Seguro del hogar			
Gastos ordenador			
Gastos entretenimiento			
Supermercado			
Artículos domésticos y para el hogar			

Ropa y calzado			
Comidas fuera de casa			
Regalos / Donaciones			
Salud (médico/dentista/óptica, incluidos seguros)			
Hobbies o distracciones			
Intereses (hipoteca, tarjetas de crédito, etc.)			
Revistas y periódicos			
Impuestos			
Seguridad Social			
Impuestos de propiedad			
Mascotas			
Imprevistos previstos (ortodoncia, casamiento de la nena, etc.)			
Subtotal gastos			
Ingresos netos (Ingresos menos gastos)			

b. Ahorrar el 10% implica aumentar sus ingresos

La segunda implicancia de ahorrar un 10% es trabajar. De otro modo, no habrá un 100% de dónde descontar la décima parte. Ese 100% debe ser cada vez mayor, y no hay otro modo de hacerlo que no sea trabajando y creciendo. No hay atajos. Salvo un día a la semana, el resto de los días debe estar dedicado a (perdón por el lenguaje no académico) romperse el trasero trabajando. Si es empleado, sea el mejor. Si puede hacer horas extras, hágalas. Si es vendedor, ¡empiece temprano, estire el día y haga una venta más! Si ya es independiente, hágase una disciplina y sígala a brazo partido.

Hasta aquí parecerá a muchos que estoy diciendo otra obviedad. Pero en muchos lugares, y en muchas personas, la moral de trabajo no ocupa el lugar más alto, y lo estoy expresando con delicadeza para no ofender a nadie. Si usted está afectado de un entorno no propicio para el trabajo esforzado con mirada puesta en un futuro, la realización personal, la prosperidad y la riqueza, supérelo... o cambie de entorno.

Sus ingresos no están sobreentendidos, como lo suponen la mayoría de los programas sociales oficiales de educación financiera. Todos le enseñan cómo vivir en base a un presupuesto para no entrar en deudas. Pero nadie le explica cómo generar ese ingreso y cómo aumentarlo, para poder trazar siquiera el presupuesto.

De esto se ha tratado este libro: conserve su empleo si lo tiene, pero vaya construyendo su Plan B y su Segundo Pilar por si lo despiden o por si su organización cierra sus puertas. Abra los ojos, busque oportunidades de negocios e inversión. Sea creativo, hable de ello con sus amigos, rodéese de gente que piensa como usted, pase a vivir en otra "atmósfera", de una en la que todos son escépticos y se aferran a lo que hay porque "todo está destinado al fracaso", en que a las 16.00 horas "se les cae el lápiz" y la vida es gris, a un ambiente en el que se puede pensar en grande, donde existen las oportunidades, donde se puede crear y crecer.

c. Ahorrar el 10% implica capacitación permanente

No es casualidad que el tema de la capacitación aparezca tantas veces en este libro, siempre desde ángulos diferentes. Es mi obsesión y debe ser la suya. En realidad se trata de aplicar la mentalidad de nuestros padres y abuelos inmigrantes: "¡Hijo, estudia!" No importaba cuán pobres habían llegado al país, iban a darlo todo para que sus hijos llegaran a la universidad, y cumplir su sueño de "mi hijo el doctor".

Hoy en día la capacitación debe ser continua. Si es usted un adolescente en edad de escuela secundaria y sus padres pueden mantenerlo, no se apresure a salir a la playa en Río de Janeiro y trabajar para Joao, salvo en verano. ¡Termine sus estudios! Vaya luego a la universidad, o haga cursos de capacitación en oficios, desde técnico en ingeniería hasta enfermería o computación. Depende de su vocación, de su situación momentánea, y demás. Si me encontrara con Joao en la playa, le recomendaría un buen curso de chef internacional...

Si tiene empleo, utilícelo para aprender. Joao, nuestro ricachón de la fabela, pedía cambio de puesto permanentemente, para estudiar el manejo de un restaurante de la "a" a la "z". Si trabaja en un hotel, pida ser mucamo, camarero del servicio de habitaciones, personal de mantenimiento, empleado de recepción, cocinero y encargado de depósito. Si asciende luego al nivel intermedio, pida manejar equipos en diversas áreas. Hay empresas que "cultivan" a empleados con iniciativa que ven como promesas, haciéndolos rotar por diversas áreas de la producción. No "cumpla" con su trabajo: sea un empleado con iniciativa.

Si pertenece a alguna de las olas de despedidos e "indignados", realice cursos de actualización en su materia o en nuevas áreas, apuntando a una reconversión laboral. En la Oficina de Empleo de mi país se imparten de modo gratuito cursos de: Nutrición, Contabilidad, Gráfica computarizada, Electricista diplomado, Asesor de seguridad en el lugar de trabajo, Maquillaje profesional, Instalación de acondicionadores de aire, Animación Digital Bidimensional, Administración y Marketing de Servicios, Profesor de manejo, Manicura, Cocina y muchos más. ¿Qué posibilidades hay en su país?

Aprenda de algún modo las nuevas tecnologías de comunicación, no dependa por siempre de sus sobrinos o nietos para manejar esa computadora que lo mira amenazante desde el rincón.

Lea libros, deje de ser un ignorante resignado y por elección, sólo porque alguien le dijo que lo es. Capacítese en las técnicas del Segundo Pilar: marketing, creación de marca personal, ventas, cómo hablar en público, lenguaje corporal, negociación, administración del tiempo. Deje de "comprar" frases hechas del tipo: "Con el talento se nace". Patrañas. Se trata de técnicas que se pueden aprender.

En miles de universidades e institutos terciarios se abren planes de formación para adultos, a veces sin exigir siquiera estudios secundarios. Averigüe en su ciudad cuáles son las opciones. Es importante que sea en disciplinas que puedan tener salida laboral, como asalariado o independiente, pero el solo hecho de cursar estudios superiores, si no lo ha hecho hasta ahora, le abrirá un mundo conceptual que nunca imaginó poder adquirir.

Si no existen marcos formales en su lugar de residencia, busque el modo, aunque más no sea como aprendiz de algún oficiante independiente. No permita que le cercenen su posibilidad de seguir aprendiendo.

d. Ahorrar el 10% implica la posibilidad de invertir

Ya ve, la máxima de "El hombre más rico de Babilonia", de ahorrar el 10% de sus ingresos, tiene implicancias y beneficios que hasta ahora no había usted imaginado. El siguiente paso es saber cómo potenciar nuestra riqueza a partir del dinero que hemos ahorrado.

Dedicaremos nuestro próximo capítulo a la fase final de la *Riqueza como Proceso*, que es también el capitel de nuestro Segundo Pilar, a saber: el arte de invertir.

Capítulo VIII

El arte de invertir

Hasta aquí, presumo, hemos hecho todo bien: construimos nuestro Segundo Pilar, elaboramos un presupuesto que nos permitirá ahorrar, salimos de deudas, trabajamos apuntando a aumentar los ingresos, ahorramos por lo menos un 10% y el ahorro se va acumulando, la gran pregunta es: ¿qué hacer con los ahorros?

La respuesta es: haga trabajar el dinero para usted. Es lo que se llama invertir y generar ingresos pasivos. La manera menos rentable y la más segura es colocar el dinero a plazo fijo. No lo hará millonario, pero por lo menos le asegurará –generalmente– que su dinero no se devalúe.

La manera más rentable pero la menos segura es la de invertir en el negocio propio. En el medio está la de invertir en negocios ya existentes que poseen otros, así como otras variantes de inversión en papeles, como el préstamo al Estado a través de bonos. Ya puede usted adivinar la fórmula: cuanto mayor es el riesgo, mayor es la rentabilidad potencial, y viceversa.

1 | Invertir en su propio negocio

Existen muchas vías de inversión en su propio negocio. Lo que hace rica a mi amiga Britney Spears, de la que ya le he hablado, no es tanto lo que cobra por sus recitales, porque en ellos trabaja y recibe una paga por las horas invertidas (por más que se trate de millones, el principio es el mismo: tiempo por dinero).

En cambio, en nuestra definición de *Riqueza como Proceso*, Britney es rica porque sus canciones le producen regalías, beneficios por la venta de sus discos (ha vendido 37 millones de álbumes en todo el mundo, según Wikipedia) y por derechos de autor cuando sus canciones son transmitidas por canales profesionales y al público, por ejemplo en la MTV o estaciones de radio. Luego, ha desarrollado o vendido su nombre para la producción de libros, perfumes, muñecas, juegos de video, prendas de vestir. Son ingresos pasivos, porque ella no vuelve a trabajar para que se produzcan. Se puede quedar en su casa, y el dinero seguirá entrando en su cuenta. ¿Por qué, entonces, se empecina en brindar espectáculos en vivo? Porque, además de ser rentables en sí mismos, ellos actúan como publicidad. La mantienen en el ruedo como artista, se generan notas periodísticas, chismes sobre su vida, y su aura crece. Además, vamos, está haciendo lo que le gusta.

Pero su verdadero negocio es lograr que su música se siga escuchando aún cuando ella se tome vacaciones. ¿Quiere saber cuál es el músico de mayores ingresos anuales del mundo aunque ya ni siquiera vive? Un "ignoto" cantante llamado Michael Jackson, que rompió el récord de ingresos pasivos que ostentaba otro conjunto que sigue produciendo regalías millonarias hasta el día de hoy: los Beatles. De hecho, Jackson invirtió también... comprando los derechos de la mayor parte de las canciones de los Beatles. Una manera, pues, es vender discos: me esfuerzo una vez por el producto, y el resto es marketing.

Este mismo libro es una inversión en mi propio negocio, y es un ejemplo vivo de todo lo que le estoy transmitiendo en él. He invertido cuantiosas horas de trabajo y algo de dinero en libros con los que he investigado y profundizado contenidos, un poco de dinero para su difusión, incluyendo tal vez el pago a un profesional especializado en la venta de libros por Internet, para que llegue fácilmente a sus manos (o a su pantalla). Los beneficios –una vez cubierta la inversión– serán pasivos porque se venderán libros en un número –ya sean unas pocas decenas o centenas de miles– que no guarda relación alguna con la cantidad de horas que he invertido en escribirlo y en hacer marketing. Si el libro es bueno (usted dirá), y el marketing está bien hecho, yo recibiré dinero aun cuando haya dejado de realizar acción alguna para ello.

Invertir en su negocio comprando activos en lugar de obligaciones, significa que, si quiere ser taxista y puede comprar un coche, compre un taxi, que es un activo, y no un coche familiar, que le genera gastos y deudas. Pero entonces será usted un trabajador independiente, según lo que hemos tratado en este libro, lo cual está muy bien, pero no se tratará de ingresos pasivos pues, dependerán de la cantidad de pasajeros que usted mismo logre transportar. El ingreso será verdaderamente pasivo cuando compre su segundo taxi y contrate a un taxista de confianza que lo maneje, por lo cual deberá dejarle a usted una suma fija tipo alquiler, o bien un porcentaje a acordar. La paga resultante, una vez amortizados automóvil y gastos, será su ingreso pasivo.

La compra de una vivienda que no sea para habitarla usted mismo sino para rentar, también es invertir en el negocio propio. He debido trabajar mucho para ahorrar el dinero necesario para el adelanto, y probablemente deberé continuar pagando la hipoteca. Pero a la larga, mi propiedad me redundará beneficios a partir del alquiler o renta que me pagarán mis inquilinos, o bien de su reventa a un mayor precio. Comprar y vender propiedades inmobiliarias o bienes raíces, al igual que comprar o vender obras de arte, es una de las grandes vías de inversión, y de las más seguras.

Desde ya, el abrir un negocio como empresario es también invertir en su propio negocio, y de eso ya hemos hablado en el capítulo IV. Mi negocio se compone del dinero que sale de mi ahorro de un 10%. Una vez que el negocio comienza a darme ganancias netas, dichas ganancias se definen como ingresos pasivos, y tengo dos posibilidades de acción. O bien me lo llevo a mi casa como dividendos, para hacer la refacción tan esperada o salir de vacaciones; o bien, reinvierto el dinero en mi negocio. Reinvertir por lo menos una parte de las ganancias es imprescindible para que mi negocio crezca. Tenga en cuenta que en un negocio bien manejado, no existe no crecer, pues el negocio que no crece, se estanca, cae en el abandono, y muere. Por lo tanto, la reinversión no sólo es necesaria sino obligatoria.

Aclaración: si usted es dueño de su negocio, páguese un salario. No cuente el dinero mínimo para su subsistencia como ganancia. La ganancia es lo que queda como beneficio neto luego de todos los gastos… incluido su salario. ¡Y siga ahorrando el 10% de su sueldo mensual! En este caso significará seguir viviendo un escalón por debajo de su nivel de ingresos, única garantía para seguir en un camino de riqueza.

La aclaración es muy importante, porque muchos asalariados que inician un negocio no planifican lo que ellos mismos cobrarán, dado que tienen su salario en el otro trabajo. Es como si donaran su salario al negocio. El resultado es que confunden el cálculo de lo que hace falta invertir en el negocio, lo que termina siendo una verdadera bomba de tiempo para todo el emprendimiento.

Lo cierto es que la mayoría de los empresarios combinan la reinversión con la toma de dividendos de sus negocios, para mejorar la calidad de vida. Así, la compra del Jaguar y el viaje a Montecarlo en nuestra imagen mítica de la vida del rico, pueden entrar perfectamente en el cuadro de la *Riqueza como Proceso*, a condición que sean producto de ingresos pasivos que se encuentran en el marco presupuestario de esa persona o de esa familia. Si, en cambio, le provocan déficit, deudas y merma en su patrimonio, estamos en un camino de *Pobreza como Proceso*, no importa qué bien la pase por el momento.

Una forma de ingresos pasivos a escala empresarial es la industria de las franquicias: se trata de crear una marca, por ejemplo de cafeterías, como Sturbucks, o restaurantes, como VIPS, McDonald's, y tantas otras. O un formato para programa de televisión tipo Gran Hermano. Si la marca y el formato prenden, vendo el derecho de utilizarlos, a condición que sea bajo mis estándares y con mi capacitación, pues el restaurante o el programa aparecerán como sucursales mías, y debo cuidar mi imagen y mi nivel. El franquiciante paga una suma al principio por la compra del derecho, recibe un "manual de uso", el *know-how*, por parte del dueño de la marca, y luego paga un porcentaje de los beneficios al dueño de esa marca. El franquiciante obtiene ingresos pasivos por manejar un negocio (las ganancias netas que quedan luego de pagar sueldos, alquiler, proveedores, y demás gastos, incluido el porcentaje a la marca), y el dueño de la marca recibe ingresos pasivos multiplicados por todos sus franquiciantes.

2 | Invertir en los negocios de otros

Invertir en los negocios de otros es la escencia del socio capitalista, y es el sueño de muchos. No estoy hablando necesariamente de invertir en un emprendimiento nuevo, o sea un *startup*, en el que doy decenas o cientos de miles de dólares al joven inventor de un aparato revolucionario para detener (¡esta vez sí para siempre!) la caída del cabello. Todo ello constituye una actividad diferente, extremadamente riesgosa, aunque sumamente lucrativa si resulta bien. Es un caso muy especial, muy extremo en riesgos, oportunidades y volúmenes de inversión. Por lo tanto, queda también fuera del alcance de este libro introductorio.

Me refiero, en cambio, a invertir de la manera en que cualquier hombre de la calle puede hacerlo si cumple con los principios del Segundo Pilar, es decir, sin importar su nivel actual de *Riqueza como Estado*. Basta con que cumpla la condición de estar en la vía de la *Riqueza como Proceso*: sin deudas malas, viviendo según un presupuesto y ahorrando por lo menos un 10% de lo que gana.

Estoy hablando de la inversión en títulos financieros de diversa índole en la Bolsa de Valores. Algunos lo definen como la libertad financiera en su más alta expresión, y le voy a explicar por qué.

Cuando se habla de invertir en Bolsa, muchos lo ven como un "casino", y en muchos casos es cierto, por la sencilla razón de que se "apuesta" sin saber demasiado y siguiendo a la manada, a la "tendencia". En cambio, se suele creer que, si usted crea su propio negocio, supuestamente lo hace a conciencia, haciendo un profundo estudio de mercado, calculando riesgos y oportunidades, estudiando la materia y reduciendo así el factor incertidumbre. Por lo tanto, abrir el negocio propio parece ser más prudente que invertir en el de otros, ¿verdad?

Sin embargo, ¿no ocurre demasiado a menudo que los nuevos negocios decaen y quiebran? Según diversas estadísticas, alrededor de un 80% de las nuevas MiPyMES (micro, pequeñas y medianas empresas), definidas así desde un volumen de operación mínimo de alrededor de 100.000 dólares anuales, no logran sobrevivir sus primeros cinco años de existencia, y el 90% desaparecen antes de los diez años. Cuando usted abre su propio negocio, ¿no está poniendo todos los huevos en la misma canasta... igual que en el caso del empleo asalariado? Y cuando ve que el negocio está por cerrar, ¿no tiene que emprender un largo camino de procedimientos y de intentos desesperados por venderlo?

En cambio, invertir en la Bolsa consiste en convertirse en socio instantáneo de las empresas más exitosas y por usted admiradas, y ello por sumas que su bolsillo le permita, ni un centavo más. No hay créditos que devolver, no hay socios que elegir ni con los cuales lidiar.

Las formas de obtener ganancias son básicamente dos: cobrar dividendos o vender las acciones a un mayor precio del que se las ha comprado. En el primer caso, como socio de la empresa, los dividendos son la porción que me corresponde de la ganancia neta, es decir, parte de sus ingresos pasivos. En el segundo, se trata de comprar y vender activos, del mismo modo como lo hacemos con bienes inmuebles u obras de arte, vía de inversión descrita más arriba.

Si lo desea, puede invertir a largo plazo. Si no, puede hacerlo a uno más corto, comprando y vendiendo acciones, lo cual se acerca a patrones especulativos y, por lo tanto, riesgosos. En cualquier caso, la recomendación es estudiar cada adquisición. Warren Buffett es conocido como el inversor más grande del mundo. Uno de sus secretos es que jamás vendió una sola acción. Sólo compra. Obviamente lo hace luego de un estudio exhaustivo hasta el agotamiento de cada empresa que adquiere (por supuesto, él ya adquiere empresas enteras, no meras acciones). Hoy, por ejemplo, posee el mayor paquete accionario de Coca-Cola. Eso no significa necesariamente que usted deba hacer lo que hace Buffett. Busque y desarrolle su propio método de inversión.

Para no crear malos entendidos, aclaremos que no hablamos aquí de su negocio unipersonal. Es diferente ser autónomo, de lo que hemos hablado durante el grueso de este libro, que ser dueño de un negocio en escala mayor, que implica la opción de un local, socios, empleados, insumos, etc. Ya hemos dicho, además, que abrir un negocio está muy bien. Tanto, que lo hemos incluido en nuestro capítulo sobre viabilidad comercial. Si el negocio está bien planteado y se ha reducido al máximo el factor incertidumbre, puede resultar muy bien. En ese caso, en general será más rentable que invertir en Bolsa, donde aumentar el patrimonio en más de un 10% anual está considerado como "ganarle al mercado".

Pero es mi deber exponerle la diferencia entre invertir en su negocio y hacerlo en negocios existentes: si usted es dueño de su negocio tendrá que lidiar con la logística, con la competencia, la negociación con los clientes, el abastecimiento de materias primas, la fabricación de los productos, el salario de los trabajadores, la comercialización, la distribución, las buenas y malas temporadas, etc. Si la empresa decae y usted

se quiere salir, deberá contratar abogados, separarse de su socio, incluyendo peleas y noches sin dormir, pensando en las deudas y poniendo en
juego el futuro de su familia. A la hora de vender la empresa, puede
llevarle meses o incluso años hallar comprador y concretar el traspaso,
si es que siquiera lo logra.

Si, en cambio, todo lo que hace es dar dinero a otros para que hagan
su negocio, a cambio de una participación en las ganancias, es decir si
compra acciones, se trata de la cúspide de los ingresos pasivos. El
ingreso es tan pasivo que lo puede manejar desde su laptop viendo pasar
gente en su café preferido. ¿Y si la empresa decae o hay problemas? He
ahí la gran noticia: si se quiere salir, usted no tiene más que vender las
acciones que posee, lo cual puede concretar de modo inmediato, sin
peleas con socios ni cónyuges, sin dolores de cabeza. Además, usted no
tiene acciones en una sola empresa sino que arma una "cartera de
inversiones", compuesta por muchos "papeles", que irá modificando de
acuerdo con su criterio o método de inversión, y mediante sencillos
clicks en su computadora.

Sin querer ni poder convertir este libro en un tratado de Bolsa,
resumiremos a continuación los consejos para el inversor principiante,
no tanto para darle respuestas, sino para aclararle cuáles deberán ser
sus preguntas a la hora de salir ahí afuera y estudiar el tema.

Aquí va, pues, el...

3 | Decálogo del inversor principiante

a. No invierta lo que no tiene

Pedir un préstamo para "jugarle" a una empresa que acaba de cotizar en
bolsa, por ejemplo, contradice todos los principios del Segundo Pilar, y
de hecho, los del sentido común. Invierta su propio dinero. Es más: sólo
invierta dinero que no necesita para ir al supermercado, para la orto-
doncia de su hijo, ni para nada. En todo caso, hasta en la inversión más
segura, no invierta dinero que puede necesitar antes de que se cumpla el
horizonte o el plazo de la inversión. Al principio, a medida que aprende,
haga inversiones pequeñas, que no le quiten el sueño y que le permitan
crecer dentro de la actividad a un ritmo digerible para usted, en el que

los errores no lo quiebren ni económica ni emocionalmente, y le sirvan para aprender.

Por otro lado, se recomienda no colocar más del 40% de su cartera de inversiones en la Bolsa. Que sea fácil, apasionante y redituable, no significa que no haya riesgos. Si una empresa cae, usted puede perder todo lo que había invertido en ella, o salir a tiempo y comprar otro título. Pero cada tantos años, se dan caídas muy serias en la Bolsa, y usted puede y debe estar preparado. La Bolsa debe ser sólo una de sus vetas de inversión. El resto debe estar puesto en activos no bursátiles que le den ingresos pasivos: bienes inmobiliarios, culturales, metálicos, etc. De paso, si la Bolsa de Valores cae, y le queda liquidez por haber cumplido este consejo, supere el pánico general, pues... ¡es el momento de comprar, no de vender!

b. No invierta en lo que no entiende

Conozca el tipo de inversión que está haciendo. No es necesario que entienda de metalurgia si piensa invertir en esa área, aunque es lo más recomendable. Lo que no puede hacer bajo ningún concepto es no entender lo que es una acción, si quiere comprar una. Puede hacer un curso pero no pierda tanto tiempo y dinero en un aprendizaje eterno. No siga a "gurúes", pero puede aprender de todos ellos. Comience a leer libros. Capacítese de modo permanente. Estudie desde cómo mejorar el balance en su casa hasta cómo elegir una propiedad inmobiliaria para inversión. Estudie qué es la Bolsa, qué es una acción, que es un título de deuda del Estado o "bono", qué es una operación en corto, una opción, un índice, un fondo de inversión, etc.

c. Asesórese

Busque por recomendación una buena casa de inversiones, donde tenga un agente o *broker* que le dé atención personalizada, con el que tenga buena "química", y al que le pueda hacer un sinfín de preguntas en cada reunión. Utilice a su *broker* como un maestro. Si él no tiene paciencia échelo, es decir, pida otro empleado o cambie de institución. Después de todo, usted es el cliente. Cuando encuentre un empleado empático, pídale aclaraciones sobre riesgos y rentabilidad potencial de cada papel, hágale preguntas técnicas, teóricas, tácticas y estratégicas. Y luego, decida usted. Recuerde que su agente gana comisión cada vez que usted compra o vende un título, es decir que es parte interesada. Además, si acertara siempre en sus pronósticos, no necesitaría trabajar de agente de Bolsa. Recuerde: los agentes saben (y no siempre), pero también son simples seres humanos.

d. Equivóquese

No sólo una, sino muchas veces. Cada acto de inversión, exitoso o no, es una experiencia de aprendizaje. Si no lo ve así, es dinero arrojado a la basura. Es como estudiar medicina, invirtiendo sus mejores años y cuantiosas sumas de dinero, y luego no ejercer. Con el arte de invertir ocurre exactamente lo mismo. Si una inversión sale mal, y usted deja de invertir porque cree que "nos han mentido, invertir no es bueno", entonces efectivamente, invertir no es bueno... para usted. Si, en cambio, lo vive como un método de aprendizaje por ensayo y error, sus inversiones serán cada vez mejores, más eficaces y más rápidas, a medida que usted va tomándole la mano y el ritmo, hallando su mejor método y delineando su propio estilo. Por supuesto, no podrá hacerlo si arriesga todo lo que tiene, pero eso sería repetir el apartado a.

Advertencia: no sólo es un error retirarse debido a una inversión que ha salido mal. También lo es lanzarse con todo lo que se tiene si la primera inversión ha salido bien. Esto es una reacción emocional de los novatos, muy conocida. La vemos en esas películas, donde un ardid clásico de los deshonestos jugadores de billar o de póker es hacer ganar algunas manos a un jugador novato para que se entusiasme de su suerte, y luego despellejarlo vivo. Con las inversiones, sea cauto en todo momento.

e. Deje lo emocional afuera

Se relaciona con lo anterior. Desde el punto de vista de estado de ánimo, no hay diferencia, digamos, entre comprar el lunes a 8 y vender el viernes a 8,80, o a 9,60. La alegría y el pecho inflamado por la sensación de triunfo es la misma. Y es legítimo, pero hay que tratar de que el ser racional se imponga. Si veo que en un mes esa acción se puede ir a 15, me tengo que comer las ganas de pasar un fin de semana sintiéndome un inversor estrella y quedarme con el papel. Lo mismo a la inversa: la venta de una acción que baja no debe ser impulsiva ni urgida por el pánico.

f. Diversifique

Es el consejo más viejo y conocido para cualquier inversor, pero no por eso menos útil. Así como tener muchos clientes es el mejor método del trabajador autónomo para evitar la situación de desempleo, la diversificación en los tipos de papeles financieros y de compras de activos disminuye el nivel de riesgos para nuestra cartera de inversión. Sin embargo, existen especialistas que no se entusiasman con el concepto de diversificación, por considerarlo una política demasiado conservadora. Efectivamente, reduce los riesgos, pero también la ganancia potencial. Por ello, el grado de diversificación es una cuestión de carácter. Aprenda a regularla de acuerdo al tipo de inversor –de conservador a audaz- que quiera usted ser.

g. Invierta a largo plazo

Coloque la mayor parte de su cartera bursátil en papeles a larguísimo plazo. Le estoy hablando de diez, veinte, o incluso treinta años. Una buena cartera de inversión incluye un porcentaje de papeles de alto y de bajo riesgo. A largo plazo, los títulos suelen neutralizar incluso los efectos de las grandes crisis. De acuerdo con las circuntancias, hay que ceñirse al plan inicial.

h. Establezca su estrategia, y sígala

Lo más difícil es seguir una estrategia de inversión, haciendo caso omiso de rumores, consejos de gurúes y crisis. Por supuesto, la gran estrategia es "comprar barato y vender caro". Un problema es saber cuánto es barato y cuánto es caro. Otro problema es saber cuándo una acción ha llegado a su punto más alto para vender, o a su punto más bajo para comprar. Por eso, algunos inversores prefieren vender cuando ya han logrado una ganancia del 10%, sin llorar si la acción sigue subiendo. También se suele preferir vender a pérdida, cuando la acción ha bajado ese mismo porcentaje, para no perder más. Esa es sólo una estrategia posible, considerada conservadora.

Otros preferirán "dejar correr las ganancias" en el primer caso, para ver si la acción sigue subiendo. Y otros querrán también dejar correr las pérdidas, dado que por ejemplo, si compramos una acción a 50 por considerarla barata, cuando ésta baja a 45, es decir un 10%, se sigue ciñendo a nuestro criterio de "barata", que es la razón por la que la habíamos comprado en primer término. Si la vendemos, quizás estemos desperdiciando la oportunidad de esperar los llamados "regresos". Si adoptamos una estrategia largoplacista, las empresas estables suelen perdurar y recuperarse de todas las caídas. Pero repito, estas no son recomendaciones, sino sólo ejemplos y criterios a tener en cuenta, es decir "preguntas" que le recomiendo formularse a la hora de salir ahí afuera, aprender y decidir por su cuenta.

i. La Bolsa no es un juego

Como al mar, a la Bolsa hay que tenerle respeto. Si queremos nadar en el mar, tenemos que conocer sus corrientes, la influencia del clima, lo que se puede predecir y lo que no. Si soy principiante, me meteré despacio, mojando primero la punta de los dedos del pie, para ir sintiendo el agua. Desde ya, no me internaré demasiado, para poder siempre volver a la orilla. Con la Bolsa ocurre lo mismo: no entre como quien llega a un parque de diversiones o a un casino y ve sólo las luces, sino como quien teme reverencialmente un espacio lleno de riesgos y, a la vez, asombrosas posibilidades.

Palabras finales

En octubre de 2011, la protesta social de los "Indignados" ha llegado a Estados Unidos, donde el movimiento ha sido bautizado "Ocupa Wall Street". Desde allí, la ola se esparció por todo el mundo. Al comenzar el verano de 2012 y renovarse las protestas, las imágenes de Moshé Silman quemándose a lo bonzo en Israel emblematizaban el colapso del sistema de bienestar social en todo Occidente.

En cada lugar la protesta presentó una agenda diferente. En España es contra el paro o desempleo. En Israel es contra la falta acceso a la vivienda para los jóvenes y contra el innecesariamente alto costo de vida. En Chile es contra un sistema educativo que no permite el acceso a todos. En Grecia es contra el paro, que está afectando a decenas de miles de despedidos del recortado sector público. En todos lados es contra los bancos, contra la concentración de riquezas, y contra una democracia que parece no encontrar respuestas.

Más allá de las diferencias, lo que tienen en común estas protestas es el reclamo contra lo que un indignado en Tel Aviv definió como "la falta de acceso al futuro". Lo peculiar es, también, que no hay propuestas programáticas. "Lo primero que estamos articulando es el hecho de que la sociedad no acepta más el actual sistema", explicaba un organizador neoyorquino. La pregunta está abierta: ¿qué tipo de sistema está a las puertas?

Usted y yo no tenemos tiempo para esperar la respuesta, que por ahora es desconocida incluso por los propios destinatarios de los reclamos, los gobiernos. Mientras se toman medidas paliativas contra el desempleo, la corrupción, la concentración de la riqueza en pocas manos, los altos aranceles universitarios, los imposibles precios de las viviendas y de los productos de primera necesidad, el hombre y la mujer de la calle, el joven de flamante diploma, el desempleado en lo mejor de su vida, están literalmente en la calle, con rostro perplejo.

Lo que es peor, no podremos facilitarles las cosas a nuestros hijos. Como lo dijo una indignada de unos 50 de edad, sentada en el suelo en medio de la Plaza del Sol en Madrid: "A mí lo que me indigna es que los jóvenes no tengan un futuro, y que mis hijos tengan que vivir peor que yo".

Espero que nuestros hijos amanezcan a su vida adulta en un mundo más claro y previsible, en el que las reglas de juego les resulten naturales, tal como a nuestros padres les era natural la seguridad del empleo fijo.

Pero nosotros, sus padres, debemos cambiar rápido, porque no tenemos tiempo. A este paso, con decenas de años de vida útil por delante hasta que comencemos a cobrar la miserable jubilación estatal, acabaremos con todos nuestros ahorros si los teníamos, nos "comeremos" bienes malvendidos a la fuerza para poder ir al supermercado esta misma semana, y entenderemos la verdadera ferocidad de la pobreza.

Con este libro he pretendido hacer un aporte que tenga impacto en la vida cotidiana del lector concreto. He tratado de dar herramientas que puedan traducirse en dinero contante y sonante y en una sensación de control de la propia vida para el hombre y la mujer trabajadores de la era post-salarial. Que puedan recuperar la serenidad de espíritu, la confianza en su propia capacidad para trabajar, mantener a su familia y crecer. Lo he escrito con mucho cariño, con una sensación de urgencia y de misión a cumplir. También lo he hecho con un guiño de humor, porque creo que aprender con una sonrisa es la mejor manera de aprender. Y porque hay esperanza.

En fin, espero que lo haya pasado bien leyendo este libro como yo lo pasé escribiéndolo. Espero que le sirva. Escríbame, le ruego, sus comentarios, sus dificultades y sus progresos. Más que el final de un libro, es el inicio de un diálogo.

Le deseo toda la suerte.

De corazón,

Marcelo Kisilevski
marcelokisi@gmail.com

Bibliografía recomendada

Bridges, William. **"Cómo crear nuevas oportunidades de trabajo"**, Prentice-Hall, 1997.

Bucay, Jorge. **"Recuentos para Demián – Los cuentos que contaba mi analista"**, Editorial del Nuevo Extremo, 1997.

Clason, George S. **"El hombre más rico de Babilonia"**, Editorial Obelisco, 2005.

Elbaum, Marcelo. **"Hombre rico, hombre pobre – El arte de aumentar la riqueza personal"**, Editorial Planeta, 2010.

Johnson, Spencer. **"Quién ha movido mi queso – Una manera sorprendente de afrontar el cambio en el trabajo y en la vida privada"**, Editorial Empresa Activa, 1998.

Katz, Reuvén. **"Coaching Basado en Resultados"**, Editorial Opus SRL, 2005

Kiyosaki, Robert. **"Padre rico, padre pobre"**, Editorial Aguilar, 2005.

Salazar Leytte, Jorge. **"Cómo iniciar una pequeña empresa – Su viabilidad en el mercado"**, Grupo Editorial Patria, 2010.

Silva, José. **"Método Silva de Control Mental"**, Editorial Diana, 1978.

Vigorena, Fernando. **"Empleo 2.0 – No venda tiempo, venda resultados"**, Ediciones de Feria Chilena del Libro, 2009.

Sitios interesantes

Junior Achievment, ONG de emprendedorismo para jóvenes en escuelas, con sedes en todo el mundo:
www.ja.org, www.jaworldwide.org

Sitio de Jim Rohn sobre desarrollo personal:
www.jimrohn.com

Le canto las 40... Ideas discutibles para emprendedores:
www.lecantolas40.com.ar

Ciberautores, sitio sobre cómo escribir y publicar libros a través de Internet:
www.ciberautores.com

Akiyoshi Akitaoka, ilusiones ópticas:
www.ritsumei.ac.jp/~akitaoka/rotate-e.html

TED
www.ted.com

Scott Adams, "Dilbert": www.dilbert.com

Plataformas de tele-educación por Internet:
Wiziq: www.wiziq.com
Moodle: www.moodle.org
Claroline: www.claroline.net

Recursos Humanos: www.LosRecursosHumanos.com

Guía de Bolsa para Principiantes:
www.invertirenbolsa.info/guia_para_novatos_bolsa.htm

Agradecimientos

A Batia Erlich, por su asesoramiento y guía. Fue la primera en conocer mi proyecto de curso sobre El Segundo Pilar, y me "empujó" a la aventura de escribir este libro.

A Pablo Kisilevski, mi hermano, que entendió de dinero mucho antes que yo. A él le debo muchas sabias correcciones y agregados.

A mi amigo Larry Sternschein, exitoso "segundopilarista", por sus correcciones y observaciones, y por nuestros diálogos cargados de una profunda sabiduría de vida.

A Osnat, mi esposa, y a mis hijos Shoam y Mai, el motor de todo.

www.ingramcontent.com/pod-product-compliance
Lightning Source LLC
Chambersburg PA
CBHW060039210326
41520CB00009B/1198